编 开国重臣系列

大隋『真宰相』 高颎

彭炳金 陈建中 著

辽宁人民出版社

图书在版编目（CIP）数据

大隋"真宰相"：高颎 / 彭炳金，陈建中著.
沈阳：辽宁人民出版社，2025．4．--（历代开国重臣
系列 / 赵毅主编）． -- ISBN 978-7-205-11313-1

Ⅰ．K827=41

中国国家版本馆 CIP 数据核字第 2024567Z24 号

出版发行：辽宁人民出版社
　　　　　地址：沈阳市和平区十一纬路 25 号　邮编：110003
　　　　　电话：024-23284191（发行部）　024-23284304（办公室）
　　　　　http://www.lnpph.com.cn
印　　　刷：嘉业印刷（天津）有限公司
幅面尺寸：165mm×235mm
印　　张：16.5
字　　数：160 千字
出版时间：2025 年 4 月第 1 版
印刷时间：2025 年 4 月第 1 次印刷
责任编辑：刘　明
封面设计：乐　翁
版式设计：一诺设计
责任校对：郑　佳
书　　号：ISBN 978-7-205-11313-1
定　　价：58.00 元

"历代开国重臣系列"序

　　展示在读者面前的这套"历代开国重臣系列"，共收录了中国帝制时代由秦至清辅佐开国皇帝创立基业的重臣李斯、萧何、张良、王导、高颎、魏徵、赵普、耶律楚材、李善长、刘基、多尔衮、范文程12人的传记，除东晋王导外，其余11位传主均为统一型王朝之开国重臣。共计10册，由10余位史学工作者分别撰写完成。

　　自秦灭六国，一统天下，至清军入关，定鼎中原，2000余年的帝制时代，王朝更迭反复无常，国运盛衰纷纭不定，形形色色的人物轮番登上历史舞台，演出了一幕幕人间悲喜剧。

　　时代造就了这些历史人物，历史就在这幕起幕落中悄然前行。没人怀疑人民是创造历史的动力这一至理名言，中华民族勤劳、勇敢、睿智绝非虚语，杰出人物只有在顺应历史潮流和民众意愿的前提下，才能在时代变革中运筹于帷幄之中，决胜于千里之外。

但是，历史不可能将每个人的活动都详尽地加以记载，翻检正史、政书、实录，唯帝王将相、英雄豪杰之履历和业绩而已。因此，当今天的人们追溯历史、探究历史，只能披阅典籍，循着那些杰出人物的足迹去把握历史发展的脉动。

不仅如此，杰出人物的活动并非只是历史潮流、人民意愿的被动反映。他们是历史的灵魂、人民的代言，当关键时刻来临，他们敢于挺身而出，拔剑而起，建立不朽的功勋和皇皇伟业。

倘若没有这些杰出人物，历史将黯然失色，民众将无所适从。从这层意义来说，书写、研究杰出人物的活动虽然是我们认识历史的被动选择，但也是必然选择。

本套书所收录的 12 位开国重臣，是这类人物中的典型。他们或来自旧王朝的世家豪族，或出身旧王朝的基层属吏，或属于旧王朝的达官显宦，或是旧王朝失意的知识分子。他们所面临的形势正值新旧王朝交替。当是之时，沧海横流，匹夫兴志，群龙无首，兆庶失归，社会需要新的理念，群黎需要新的代言。

这些人物起于山泽草莽、陇亩幽隐之间，得逢明主，风云际会，展布平生大志。有人挟聪睿之资，经天纬地，一言兴邦；有人荷新主眷顾，克己尽忠，死而后已；有人以持重著称，审时度势，力挽狂澜；有人以刚正名世，规谏君主，勇揭逆鳞，以诤臣流芳后世；有人以博通经史为本，申明典章，恢宏治道；有人以勇略见长，深谋远虑，克敌制胜。

他们佐开国之君于基业草创，拯倒悬之民于水火，成就大业，建立奇勋，垂名当世，贻范后昆。从这一视角观察，他们是成功人物，是时代骄子。但是，从另一视角观察分析，他们中的许多人又是失败人物，难以逃脱悲剧结局。他们所生活的时代，正值专制皇权日渐强化，尊君卑臣日益泛滥。

当大业未就的创业阶段，历史与社会的局限使他们不可能完全按照理想模式重建公平与正义，如此局面之中，委曲求全，已是不可避免；当新朝既立，新皇位加九五之后，这些人虽身处国家权力核心，但地位往往微妙，甚至尴尬。功高震主，兔死狗烹者不乏其人；在权位角逐中，为佞臣诬诋，落职除爵，被赶回"高老庄"者大有人在；而因亲故失检、子孙败德受到牵连，身败名裂者更为常见。像西汉开国重臣张良佐高帝创大业，功成名就，急流勇退，保持令名者并不多见。

本套书作者探微索幽，铺排史实，目的并非仅仅在于重现 12 位传主的一生主要经历和功过是非，还在于透过这些人的升降浮沉，展示由秦至清 2000 余年间中国历史发展演变的大体脉络和基本规律；不仅使读者了解上述杰出人物对社会发展带来的推进和影响，也要使读者了解社会现实和文化环境印在这些杰出人物思想与行为上的烙印，从而获得对中国帝制时代历史较为深刻而具体的认识。该书若能在全民普及历史教育的活动中发挥作用，则是作者和编辑最大的心愿。

本套书曾在多年前刊印行世。此次，由辽宁人民出版社再度修订出版。书中所叙述的内容，基本依据典籍所载史实并参酌部分民间传说。对问题的看法及对传主的评价，或基于作者个人的研究探索，或吸纳学界同行的成果，力求科学、实事求是，反映本领域的最新学术认知。

为了使传主形象生动、丰满，使文本富有可读性，在修订过程中，尽力搜求文献资料、披阅同行论著，对传主政治、经济、军事和文化方面的建树乃至生活细节都进行了尽可能详尽的研究。在语言文字方面，力求清新流畅、简洁明快，融学术性和通识性于一体，雅俗共赏是我们期待的社会效果。

本套书规模较大，成于众手，风格互异，在所难免。本套书编撰之初，有的作者已是名满学界的教授，有的还是史学新兵，功力不同，水平必有参差，亦可预料。在本套书修订再版之际，我们诚恳欢迎广大读者批评指正。

辽宁师范大学　赵毅

2023 年 5 月 12 日

目　录

第一章　乱世中成长

一、生逢乱世

高颎，字昭玄，又名敏，渤海蓨县（今河北景县）人，大概与北齐皇族同宗，因为北齐王朝的奠基人高欢也是渤海蓨县人。高颎出生在一个世代为官的家庭，他生逢乱世，历史为他提供了施展才华、建功立业的机会。高颎凭借自己敏锐的判断力，在北周末年投靠杨坚，辅佐杨坚建立隋朝，成为隋朝开国功臣。

高颎生于南北朝时期的西魏，正是南北分裂、社会动荡不安的时期。

西晋政权被匈奴人刘渊领导的起义军灭亡之后，司马氏在江南重建汉族地主政权，这就是东晋王朝（317—420）。在北方，从匈奴人刘渊建国到北魏统一北方的一百三十多年中，匈奴、鲜卑、羯、氐、羌等少数民族和一些汉族地主官僚在混战割据中纷纷建立政权，历史上称为十六国时期。

420年，东晋将领刘裕废掉恭帝司马德文，自立为帝，是为宋武帝，改国号为宋。479年，禁军统帅萧道成夺取刘宋政权，建立齐国。同刘宋一样，萧齐宗室为争权夺利，不断自相残杀，萧道成的族弟萧衍在襄阳乘机起兵，攻入建康，废齐帝自立，于502年建立梁朝。梁武帝萧衍做了四十七年皇帝，549年被侯景围在建康台城，后被软禁饿死。梁高要太守陈霸先与大将王僧辩联合攻入建康，平定侯景之乱。557年，陈霸先废掉梁敬帝萧方智，自立为帝，建立陈朝。历史上通常将宋、齐、梁、陈四个王朝称为南朝。

在北方十六国中，以氐族首领苻健建立的前秦最为强大。苻健、苻坚重用汉人王猛等人，注意发展农业生产，减轻赋税，尊崇儒学，改革内政，国力逐渐增强。从370年开始，苻坚进行统一战争，首先灭掉前燕，随后又灭凉州，夺取巴、蜀，到376年，前秦灭掉前凉和鲜卑拓跋氏建立的代国，统一了北方。

苻坚统一北方之后，想一举灭掉江南的东晋，统一天下。前秦与东晋为争夺襄阳、彭城两大军事重镇进行了激烈交战，前秦取得胜利。苻坚于是更加骄傲，于382年召集群臣讨论伐晋。群臣中大多数反对伐晋，认为东晋"君臣和睦，上下一心"，国内稳定，而且北府兵战斗力又很强，不可轻举妄动。而前秦国内民族矛盾十分尖锐，伐晋时机还不成熟。但苻坚坚持己见，自恃兵强马壮，"吾强兵百万，资仗如山"，可"投鞭于江，足断其流"。因此一意孤行，于383年下诏大举伐晋。苻坚征调六十万步兵，二十七万骑兵，号称百万，前后相连千里向南进发。苻融率二十五万人为前锋，很快到达淝水。东晋以谢石为大都督，统率八万北府兵迎敌。北府兵将领刘牢之率精兵五千偷袭敌军，歼敌一万五千人，挫伤了敌人锐气。于是谢石等率大军水陆并进抵达淝水东岸，与秦军隔水对峙。苻坚与苻融登寿春城观看，见晋军队伍严整，又见八公山上草木，也认为是晋兵，不觉有些畏惧。秦军逼淝水立阵，谢玄要求秦军后退，让晋军渡河决战。苻坚企图乘晋军半渡时突然袭击，便让部队后撤，不料队形大乱，晋军乘机渡江，大败前秦军队。秦军逃跑时听到风声鹤唳，也胆战心惊，日夜狂奔。苻坚逃回洛阳，只剩十余万人。淝水之战前秦大败，而前秦统治下的许多少数民族将领纷纷起兵，脱离前秦的统治，建立割据政权，北方再次陷于混战之中。直到北魏再次统一北方。

386 年，鲜卑拓跋部首领拓跋珪乘前秦淝水之战溃败之机，在盛乐称王，重建代国（338 年，拓跋珪祖父什翼犍曾建代国），不久改国号为魏，史称北魏。北魏任用汉人知识分子为其出谋划策，制定礼仪、法律和政治制度，兴屯田，发展农业生产，国力逐渐强大，于是开始进行兼并战争，到 439 年，北魏灭掉北方最后一个割据政权，统一了北方。

北魏统一北方之后，中间经过孝文帝改革，到北魏分裂，统一局面维持了近百年。北魏后期，阶级矛盾和民族矛盾十分尖锐。鲜卑贵族实行民族压迫政策，不断引起各族人民反抗斗争。北魏末年，政治腐败，土地兼并十分严重，加上水旱灾害，江南人民生活在水深火热之中，挣扎在死亡线上，阶级矛盾激化，终于导致各族人民大起义的爆发。在北魏末年各族人民大起义的打击下，北魏分裂为东魏和西魏。

523年，沃野镇高阙戍主虐待部下，匈奴人破六韩拔陵乘机杀死戍主，率众起义，攻占了沃野镇，点燃了北魏末年各族人民大起义之火。很快，起义燎原，遍及全国，主要有六镇起义，杜洛周、鲜于修礼、葛荣领导的河北起义，莫折大提领导的关陇起义和邢杲领导的山东起义。

在镇压起义过程中，尔朱荣逐渐崛起，控制了北魏政权。尔朱荣祖父尔朱羽健为契胡尔朱氏酋长，因率契胡武士助拓跋珪攻取中山，受封散骑常侍，以秀容川（今山西朔县北）方圆三百里为其封地，以后世代相袭。尔朱荣曾因军功升任安北将军、镇北将军。在镇压鲜于修礼、杜洛周起义中，又被授为车骑将军、仪同三司、大都督。528年，胡太后毒死孝明帝，立三岁的元钊为帝。尔朱荣乘机举兵进入洛阳，将胡太后与幼主元钊沉于黄河，杀丞相以下王公大臣三千人，是为河阴之变。尔朱荣立元子攸为孝庄帝，自任柱国大将军。尔朱荣独掌大权，专横跋扈，与孝庄帝发生矛盾。530年，孝庄帝乘尔朱荣朝见之机，杀死尔朱荣。尔朱荣之侄尔朱兆举兵攻入洛阳，杀孝庄帝，立元恭为节闵帝。

尔朱荣死后，其部将高欢崛起。高欢，字贺六浑，渤海蓨县人，汉族。先祖高隐，曾任玄菟太守。十六国时，鲜卑慕容氏占据辽东，高隐及其子孙都在慕容氏后燕任官。后来慕容氏发生内乱，高隐之孙高湖投奔北魏，被封为右将军。高湖之子即高欢祖父高谧因犯法被徙怀朔镇。高欢自幼居住北边，"习其俗，遂同鲜卑"，成为鲜卑化汉人。因家境贫寒，投军当兵。曾任送信的函使。525年参加杜洛周起义军，因与杜洛周不和，投奔葛荣。后又投奔尔朱荣，得到尔朱荣赏识重用。尔朱荣死后，率二十余万部众进据冀州。531年，高欢起兵攻打尔朱兆。尔朱兆败逃，回到秀容川。高欢入洛阳，另立元修为孝武帝，废节闵帝。533年，高欢又发两路大军讨伐尔朱兆，尔朱兆兵败自杀。高欢执掌北魏大权，元修不甘心做傀儡，二人矛盾激化。534年，元修逃奔关中，投靠宇文泰。高欢另立元善见为孝静帝，迁都于邺，这就是东魏的开始。

高欢死后，其子高澄继续掌权。高澄暗中有取代孝静帝自立之心，他不但派人监视孝静帝，还公然对孝静帝表示蔑视。一次，高澄不顾君臣之礼向皇帝劝酒，说："臣澄劝陛下酒。"孝静帝很生气，说："自古没有不亡之国，朕亦何用此生为？"高澄大怒，随口大骂道："朕！朕！狗脚朕！"并让崔季舒打了孝静帝三拳。高澄未及当上皇帝，被人刺死。其弟高洋于550年废孝静帝元善见，自立为帝，改国号为齐，史称北齐。

尔朱荣另一部将宇文泰占据关中，与高欢对抗。宇文泰，字黑獭，其祖先是东胡宇文部酋长。西晋末，宇文部曾一度强盛，其酋长自称单于。四世纪中期，被鲜卑慕容氏所灭。宇文氏中许多人在慕容氏建立的前燕和后燕任官，慕容氏后燕灭亡后，宇文泰曾祖父宇文陵投奔北魏，居于武川镇。

北魏末年，沃野镇匈奴人破六韩拔陵率众起义，占据沃野镇。破六韩拔陵派大将卫可孤攻下武川镇，宇文泰父亲宇文肱和几个儿子都参加了起义军。不久，武川镇中下级军官贺拔度拔、贺拔岳父子及宇文肱等叛变，斩杀卫可孤，投降北魏。北魏政府将六镇饥民迁徙到河北就食，宇文肱父子也随之到河北博陵郡。不久，怀朔镇兵鲜于修礼率六镇降户起义，宇文肱父子也参加起义军。宇文肱和他的长子、次子在战斗中阵亡。鲜于修礼被部将元洪业杀害之后，葛荣杀元洪业，继续领导起义军坚持斗争。宇文泰曾在葛荣军中任将帅。葛荣被尔朱荣打败之后，宇文泰投到尔朱荣部将贺拔岳军中。贺拔岳奉尔朱荣之命镇压关陇起义军，宇文泰随贺拔岳入关中，被任命为关西大行台左丞、夏州刺史。533年，贺拔岳为部将侯莫陈悦所杀，贺拔岳军中将领推举宇文泰为首领。宇文泰率军进攻侯莫陈悦，侯莫陈悦兵败被杀，宇文泰于是据有关中。魏孝武帝元修因与高欢不和，投奔宇文泰。宇文泰迎元修入长安，这就是西魏的开始。不久，宇文泰与元修发生矛盾，宇文泰毒杀元修，另立元宝炬（孝文帝之孙）为帝，即西魏文帝。宇文泰任大将军、雍州刺史兼尚书令，不久又任都督中外诸军事、太师、大冢宰，成为西魏实际统治者。556 年，宇文泰病死，其第三子宇文觉继任太师、大冢宰，不久又被封为周公。557 年，宇文觉逼恭帝元廓禅位，宇文觉称帝，建立北周。西魏被北周取代。宇文觉称帝不到一年，被宇文泰侄子宇文护杀掉，宇文护另立宇文泰长子宇文毓为帝，是为周明帝。

北魏分裂之后，北方又陷于战乱之中，东、西魏为了吞并对方，互相征讨。

西魏刚一建立不久，即大统元年（535）七月，西魏文帝元宝炬便下诏历数高欢二十条罪状，并声言自己将亲率六军，与丞相宇文泰一起东讨，扫除凶丑。高欢也立即传檄西魏，称宇文泰为逆徒，扬言自己将命诸将领兵百万，克期西讨。

大统二年（536）正月，东魏丞相高欢率一万骑兵偷袭西魏夏州，生擒夏州刺史斛拔俄弥突。灵州刺史曹泥和他的女婿凉州刺史刘丰也叛西魏归降东魏。这是东、西魏之间第一次交锋，以后双方攻伐不断，其中比较著名的战役有潼关之战、沙苑之战和邙山大战。

北齐、北周建立之后，双方仍然是连年兴兵，都企图消灭对方。

到北周建立之时，中国经过十六国的纷争，东、西魏的分裂及南方宋、齐、梁、陈的更替，已基本形成了北周、北齐和南陈三国鼎立的局面。

二、世家子弟

高颎出生在一个世代为官的家庭。高颎的先祖曾在鲜卑慕容氏建立的后燕任官，出镇辽东并死在那里。曾祖父高皓，在太和（477—499）初年自辽东入关，曾任北魏安定郡守和卫尉卿。大概在这时，高氏一家开始在渤海蓨县（今河北景县）定居下来。高颎祖父名季安，在北魏官至抚军将军、兖州刺史。

高颎父亲高宾，自幼聪颖，很有才干，能文能武。北魏分裂之后，投奔高欢，在东魏任官。三十多岁时便升任龙骧将军、谏议大夫和立义都督。高宾由于才华出众，仕途得志，加之性格耿直，遭到同僚忌恨。有人向东魏丞相高欢进谗言，诬告高宾。高宾知道自己已不被信任，在东魏凶多吉少，早晚要被除掉，于是在大统六年（540）抛妻弃子，只身一人秘密逃出东魏，投奔西魏。高宾到了长安之后，受到宇文泰嘉奖，宇文泰很赏识高宾的才干，授高宾为安东将军、银青光禄大夫。宇文泰将高宾交给柱国大将军、大司马独孤信，高宾成为独孤信部下，跟随独孤信征战。不久，高宾又被授通直散骑常侍、抚军将军、大都督。独孤信对高宾也很信任和赏识。后来，高宾被赐姓独孤氏。高颎后来正是通过独孤信一家的关系才和杨坚相识。

独孤信，本名如愿，云中（今内蒙古托克托东北）人，其祖先伏留屯为拓跋鲜卑三十六部大人（酋长）之一，与拓跋珪同时起兵。独孤信祖父以良家子身份由云中出镇武川，因此独孤氏在武川定居下来。独孤信父亲独孤库者，为领民酋长，为人豪爽大度，讲义气，北州人都敬服他。

独孤信长得一表人才，而且擅长骑射。六镇起义爆发后，卫可孤进攻武川镇。独孤信与贺拔度拔、贺拔岳及宇文肱等人叛归北魏，斩杀卫可孤，独孤信因此出名。为避战乱，独孤信躲到中山，后为葛荣所获，投到葛荣起义军中。独孤信很年轻，又喜欢修饰打扮，穿戴与众不同，军中称之为独孤郎。尔朱荣打败葛荣之后，独孤信成为尔朱荣帐下一员别将。独孤信与宇文泰是同乡，又是少年时好友，于是在尔朱荣死后，投奔宇文泰，为宇文泰效命。宇文泰任独孤信为荆州刺史。孝武帝元修自洛阳出逃，事起仓促，被高欢追赶，非常危急。独孤信单骑赴瀍涧，迎元修入长安。孝武帝曾感叹道："独孤信能辞父母，捐妻子，远来迎我，乱世贞良，名不虚传。"赐信御马一匹，封为浮阳郡公。

当时荆州已被东魏攻占，宇文泰任独孤信为卫大将军、都督三荆州诸军事、大都督、荆州刺史。独孤信很快夺回荆州，但不久，东魏派大将高敖曹、侯景等率大军杀向荆州，独孤信寡不敌众，率众奔梁。大统三年（537）秋，独孤信回到长安，被授骠骑大将军。

独孤信跟随宇文泰参加过沙苑之战和洛阳之战，战功卓著。后独孤信任秦州刺史，劝农耕桑，宣示礼教，处理政务尽心尽力，深得百姓拥护。宇文泰因其信义闻名遐迩，赐名为信，从此以后，独孤如愿改称独孤信。宇文泰对独孤信很器重，546 年，独孤信被授为大司马，548 年，又被授为柱国大将军。北周建立，封卫国公，迁大宗伯。独孤信与赵贵等都是跟随宇文泰起兵的元老大臣，对宇文护专权十分不满。赵贵想谋杀宇文护，被独孤信制止。宇文盛闻知此事，向宇文护告密，赵贵被杀，独孤信被逼令在家中自尽。

宇文护杀孝闵帝宇文觉，另立宇文毓为帝，即北周明帝。明帝宇文毓即位不久，任命高宾为咸阳郡守。高宾在咸阳，除去一切苛政，清理积狱，安抚百姓，使得咸阳社会安定，生产得到恢复。高宾因治理咸阳政绩突出，得到明帝宇文毓嘉奖。明帝在咸阳郡境内赐给高宾许多田园。高宾在北周虽得到重用，但仍为自己前途担心。因为高宾一人投奔北周，妻子儿女仍留在北齐，很可能受到别人怀疑。为了清除别人对自己可能存有的疑心，高宾在自己田园内广栽树木和竹子，修建豪华房屋，在周围挖凿水池，以此来表明自己毫无归心，忠心事周。这一招果然奏效，周朝皇帝从此知道高宾无二心，对他更加信任。随后不久，高宾被授使持节、车骑大将军、仪同三司、散骑常侍，赐姓独孤氏。

武帝宇文邕即位之后，高宾被授予计部中大夫、治中外府从事中郎，并被赐爵武阳县伯。由于高宾办事果断，处理政务井井有条，深受武帝喜欢，不久，武帝任高宾为太府中大夫、齐公宇文宪府长史。高宾在宇文宪府任职有四五年，天和二年（567），高宾被授都州诸军事、都州刺史，并晋位骠骑大将军、开府仪同三司。天和六年（571），高宾去世。

高颎生年，史书没有明确记载。因为高宾是540年自东魏投奔西魏，所以高颎生年不会早于541年。有人还推断高颎大概生于555年（《剑桥中国隋唐史》）。

高颎自幼聪明过人，很喜欢读书，经史子集各种书籍都涉猎。高颎有才干又有度量，尤其擅长词令，口才很好。高颎很小的时候，家中庭院有一棵大柳树，高有百余尺，树冠如伞状。乡里父老见了之后，有人说此家当出贵人。后来高颎位居宰相，也算应验了这句预言。

高颎十七岁时，齐王宪招高颎入齐王府担任记室，从此，高颎步入仕途。

高颎担任齐王府记室和高宾有密切关系，因为高宾曾在齐王府任长史，与齐王宇文宪一起共事四五年。高宾才干出众，深得宇文宪器重，高宾与宇文宪交情很好。由于齐王宇文宪大力推荐，高宾被任命为都州刺史，晋位为骠骑大将军。大概在高宾离开齐王府之后一二年，宇文宪招高颎为记室。从此，高颎在齐王宇文宪府中为其效力，并跟随宇文宪南征北战。

宇文宪，字毗贺突，宇文泰第五子，在北周是一位英勇善战的大将军。宇文宪性情通达机敏，宽宏大度。幼年时与其哥哥宇文邕等一起读书，很快就能掌握《诗经》《左传》等的要旨大意。一次，宇文泰送给诸子良马，让他们自己挑选。宇文宪挑了一匹毛色不纯的马，宇文泰觉得很奇怪，问其原因。宇文宪回答说，这匹马毛色特殊，与众不同，很可能是一匹骏马。如果骑它出征，随从很容易分辨出来。宇文泰听后非常高兴，说："我的这个儿子见识不凡，将来一定能成大器。"宇文泰因此很喜欢他。宇文觉称帝后，授宇文宪为骠骑大将军。明帝即位后，授大将军，封齐国公。

宇文宪不但机敏聪慧，而且少时便有大志。552年，梁益州刺史、武陵王萧纪趁侯景之乱在成都称帝，次年率军东下，攻打梁元帝萧绎，结果被萧绎击败，自己也被斩。宇文泰乘机派尉迟迥率军自散关南下，攻入四川。宇文泰在平蜀之后，认为蜀郡地势险要，想派诸子中的一人前去镇守。宇文泰问诸子谁愿去，未等别人回答，宇文宪抢先要求去蜀。宇文泰说："刺史应当抚众治民，你不能胜任。按年岁论，应让你哥哥去。"宇文宪却说："人的才能不一样，与年龄大小无关。让我去试一试，如果不称职，愿受处分。"宇文泰听后认为小小年纪有如此抱负，实在难得，但因其年龄太小，没有派他去。明帝即位后，知其五弟志向和抱负，于武成元年（559）任命宇文宪为益州总管、益宁巴泸等二十四州诸军事、益州刺史，封齐国公，这年宇文宪只有十六岁。

宇文宪在蜀，留心政务，安抚百姓，断理狱讼，深得民心。

武帝宇文邕即位后，宇文宪被召回，任雍州牧。保定四年（564）十一月，武帝命晋王宇文护伐齐。宇文护以尉迟迥为先锋，围攻洛阳，宇文宪与达奚武、王雄等率军屯于邙山，分守要塞。尉迟迥率十万精兵直赴洛阳，由于诸将轻敌，被齐军打败。齐军反攻，宇文宪督率诸将奋力拒战，才遏制住敌军攻势，避免全军覆灭。洛阳之战，显示了宇文宪临敌不惧、指挥若定的军事才能。以后，北周与北齐几次重大交战，宇文宪都率军参加。高颍作为齐王府记室屡次跟随宇文宪出征，锻炼了自己的胆识，增长了军事才能。

三、参与灭齐

武成二年（560）四月，宇文护毒死明帝宇文毓，立宇文泰第四子宇文邕为帝，是为武帝。武帝即位以后，高颍承袭父爵为武阳县伯，被授内史上士，不久又升为内史下大夫。

宇文邕自幼聪颖机智，气质非凡，又知道孝敬父母，很受宇文泰喜爱。宇文泰曾说："能继承我的志向的，一定是我这个儿子。"十二岁时封辅成郡公，宇文觉称帝后，授大将军，出镇同州。宇文毓即位后，授柱国、蒲州刺史，后任大司空、治御正，封鲁国公。宇文邕性格深沉，能深谋远虑。为人谨慎，不轻易发表议论。宇文毓经常与他一起商议朝廷大政。宇文毓称赞宇文邕，除非不说话，而一说话，就说到点子上，"夫人不言，言必有中"。

武帝宇文邕即位后，吸取了两位哥哥的血的教训，尽量与宇文护搞好关系。他让大冢宰、晋国公宇文护都督中外诸军事，掌管中央五府，以取得宇文护的信任。因为宇文护自宇文泰死后一直掌握实权，以皇兄身份辅政，他相府中的卫兵比皇帝的还多。宇文护权倾朝野，飞扬跋扈。宇文邕刚登帝位，没有力量与宇文护相抗衡，因此只得先委曲求全，从长计议。

武帝为人胸怀大志，他首先致力于搞好内政，发展生产，增强实力，再灭掉北齐，统一北方，然后灭陈，完成统一大业。武帝见突厥强大起来，威胁北方边境，便与突厥通好，娶突厥木杆可汗之女阿史那氏为皇后。563年和564年两次联合突厥伐齐，但都以失败告终。这使武帝感到灭齐时机还未成熟，便集中精力处理内政，与北齐采取缓和政策，互派使者聘问。

宇文护专权，使武帝许多政策不能实施。武帝便暗中寻找时机，准备除掉宇文护。武帝在其亲信卫公宇文直、右宫伯大夫宇文神举、内史下大夫王轨等人配合下，于建德元年（572）三月，乘宇文护由同州返回长安，与武帝一同拜见太后之机，杀掉宇文护。随后又将宇文护的儿子、兄弟和亲信全部杀死。这样，武帝亲掌大权，积极准备灭齐。

北周自宇文泰以来，国力不断增强。宇文泰任用汉人苏绰等人，以苏绰提出的《六条诏书》为蓝本改革内政。

首先，宇文泰采纳苏绰建议，建立计账和户籍制度，整顿赋役，实行屯田，增加财政收入。

其次，推行均田制度。北周规定，凡每家十口以上给宅地五亩，九口以上给宅地四亩，五口以下给宅地三亩。凡结婚的男子给田一百四十亩，未结婚的成年男子给田一百亩。赋役制度规定，已婚男子纳绢一匹、绵八两、粟五斛，未婚者减半。不适宜栽桑地区，已婚男子不纳绢而纳布一匹、麻十斤，未婚者减半。又规定丰年全赋，中年半赋，下年纳三分之一，灾年全免。通过法令，严格推行均田制。另外要求地方官劝课农桑，注意发展农业生产。

最后，建立府兵制度。府兵制是从北魏拓跋部的部落兵制发展而来。550年，宇文泰设立八个柱国大将军，宇文泰都督中外诸军事，为最高统帅，广陵王元欣也仅挂名而已。另外六个柱国大将军每人统领两个大将军，每个大将军督率两个开府，每个开府各领一军，一共二十四军。六个柱国大将军权力很大，北周时，提高二十四个开府将军地位，以削弱柱国大将军的权力。武帝宇文邕改兵士为侍官，招募百姓充任。府兵不入县籍，单立军籍，自备武器装备，不负担赋役。府兵制的建立和完善，提高了军队战斗力。

武帝除继续实行宇文泰的各种政策之外，又进行一些改革，如制定刑律，举贤荐能，提倡兴办教育等。其中最重要的举措是毁佛。

魏晋南北朝以来，历代统治者大力提倡佛教，佛教在中原地区迅速传播，宗教势力不断扩大。据统计，全国有寺院三万所，僧侣有二百多万人。仅北周就有寺院一万多所，僧尼一百多万，占全国人口十分之一。佛教寺院占用大量土地，而僧尼又不负担国家赋役，使得百姓赋役负担加重。北周大臣卫元嵩曾建议武帝灭佛。建德二年（573），关中发生严重天灾，粮食极为紧张，武帝下令，不论公私道俗，凡是有多余谷麦者，留下口粮外，其余一概卖出。僧侣不仅不赈济灾民，反而放高利贷牟利。武帝认识到要富国强兵，统一中原，必须灭佛，"求兵于僧众之间，取地于塔庙之下"。早在 569 年，武帝曾召集著名僧儒、道士和文武百官二千人，辩论儒、道、佛三教。最后确定以儒教为先，道教其次，佛教为后，为灭佛提供了舆论准备。建德三年（574）五月，本来崇信佛教的武帝下诏废佛、道二教。没收寺院土地和财产，毁坏佛经、佛像，令僧尼道士还俗，编入户籍，从事农业生产，将其中青壮男子编入军队充军。通过毁佛，增加了财政收入，增强了军事实力。

在北周国势蒸蒸日上之时，北齐却日益衰弱。

565 年，后主高纬即位。"齐主（高纬）言语涩呐，不喜见朝士，自非宠私昵狎，未尝交语。性懦，不堪人视，虽三公、令、录奏视，莫得仰视，皆略陈大指，惊走而出。"高纬性情懦弱，胆小如鼠，言语木讷结巴，根本不能经邦治国。虽然如此，高纬偏偏又穷奢极欲，玩乐无度，为一代昏君。

史书记载，高纬"承世祖（高湛）奢泰之余，以为帝王当然。后宫皆宝衣玉食，一裙之费，至直万匹；竞为新巧，朝衣夕弊。盛修宫苑，穷极壮丽；所好不常，数毁又复。百工土木，无时休息，夜则然（燃）火照作，寒则以汤为泥。凿晋阳西山为大象，一夜然（燃）油万盆，光照宫中。每有灾异寇盗，不自贬损，唯多设斋，以为修德。好自弹琵琶，为《无愁》之曲"，又"于华林园，立贫儿村，帝自衣蓝缕之服，行乞其间以为荣"。

在高纬统治下，齐国政治十分腐败。高纬宠任陆令萱、穆提婆等奸臣及宦官邓长颙等人，这些人把持朝政，结党营私，"官由财进，狱以贿成"，卖官鬻爵，贪赃枉法。高纬还滥封官爵，宦官、胡儿、歌舞人、官奴婢等滥得富贵者万余人，封王者数百人，开府千余人，仪同无数，以至马、狗、鹰等也有封号，这些鸟兽都食俸禄。在高纬统治末年，北齐民不聊生，国库空虚。

建德四年（575），宇文邕见灭齐时机已到，便下诏伐齐。命宇文纯、司马消难、达奚震为前三军总管，宇文盛、侯莫陈崇、宇文招为后三军总管。宇文宪率兵二万直奔黎阳，高颎作为内史下大夫，跟随宇文邕出征。

北周一共出动十八万大军，分道出击。宇文邕亲率六万大军直奔河阴（今河南孟津），北周军纪严明，一路进军顺利，很快攻下河阴、洛口（今河南巩义）、河阳等地。但周军进攻金墉不顺利，宇文邕亲自率军增援，也没能攻克。宇文宪、于翼、李穆等所向无敌，连克三十余城。正在这时，武帝生病，不得不回长安休养，加之齐军援军已到，周军不得不全线撤退。这次虽未能取胜，却大大挫伤了北齐的锐气。

建德五年（576）十月，武帝宇文邕再度伐齐。以宇文盛、宇文亮、杨坚为右三军；宇文俭、窦泰、丘崇为左三军；宇文宪、宇文纯为前军，共出动十四万大军。宇文邕率主力大军到达晋州（今山西临汾），屯于汾曲（今山西临汾西南）。派齐王宇文宪领兵二万守雀鼠谷（今山西介休西南），陈王宇文纯率步骑二万守千里径（今山西平阳北），达奚震率步骑一万守统军川，大将军韩明率五千步骑守齐子岭，尹升率五千人守鼓钟镇，辛韶率五千人守蒲津关，赵王宇文招率一万人自华谷攻汾州城。宇文盛率一万人守汾水关，派王谊监领诸军攻平阳城（今山西临汾西南）。齐晋州刺史崔景嵩守北城。战斗异常激烈，宇文邕亲自到城下督战。齐行台左丞侯子钦降周，不久，崔景嵩遣使请降，于是北周攻占平阳城，夺取晋州（晋州治所为平阳城）。

齐后主高纬率军由晋阳（今山西太原）增援晋州。当晋州告急时，高纬正在天池（今山西宁武境内）与冯淑妃打猎。告急使者一上午就来了三次，都被丞相高阿那肱挡了回去。高阿那肱对使者说："皇上玩得正高兴，边远地区小小的交战，乃是平常之事，用不着急于报告。"将近黄昏，告急使者再来，报告平阳失守，高阿那肱才奏闻高纬。齐后主高纬刚要走，而冯淑妃余兴未尽，请后主再杀一回，高纬只好又陪冯淑妃打起猎来。唐朝诗人李商隐曾写一首诗，讥讽此事："巧笑知堪敌万机，倾城最在著戎衣。晋阳已陷休回顾，更请君王猎一回。"

第二天，后主纠集十万大军，匆忙赶往平阳。宇文邕为避其锋芒，引军西撤至玉壁（今山西稷山），任命梁士彦为晋州刺史，留下精兵万人守平阳城。北齐军到达晋州后，猛攻平阳，梁士彦拼死抵御，双方相持一个月。

宇文宪率军攻克洪洞（今山西洪洞北）和永安（今山西霍县）。齐军追击宇文邕，宇文宪为后卫，与宇文忻一起击退齐军，斩齐骁将贺兰豹子。后来武帝宇文邕得知平阳告急，调集八万大军前来增援。周军在城外列阵，东西二十余里，与齐军对阵，准备一决胜负。齐军在城外修建堑壕以拒周军，断绝了周援军与城内守军的联系。宇文邕派宇文宪前去侦察敌情，宇文宪回来报告说："很容易攻打，请破敌之后再吃饭。"宇文邕听后很高兴，说："听你这么一说，那么我就放心了。"

齐后主高纬见北周大军到来，不知如何是好，问丞相高阿那肱："是战呢，还是不战？"高阿那肱说："我们兵虽多，能作战的不过十万，伤病及勤杂人员又占了三分之一。以前攻玉壁，敌援军来了就退却。今日将士怎能胜过神武帝（高欢）时呢！不如勿战，退守高梁桥。"安吐根则说："一撮毛贼，马上刺取，扔到汾水中去。"主张与周军决战。高纬拿不定主意，问随军几位高参。高参们狂妄已极，对高纬说："他宇文邕是天子，陛下您也是天子。他能远道而来，我怎么能守堑示弱呢！"高纬听后觉得很对，命士兵填平堑沟，向周军发动进攻，宇文邕下令北周八万大军迎战。刚一交战，高纬便与冯淑妃一同骑马在旁观战。齐军稍稍后退，冯淑妃就吓得大叫："齐军败了！"后主与冯淑妃要逃奔高梁桥。开府仪同三司奚长上前进谏，说："半进半退，乃是兵家平常之事。现在大军阵伍完整，未受到创伤，陛下怎能扔下这里一走了之呢？您马足一动，军心骇乱，不可重振，望陛下返回安慰将士。"武卫张常山自后追上，也说："军队已经守住阵脚，很完整，围城部队也没动，陛下应返回，如果不相信我说的话，可派高参们前去观看。"城阳王穆提婆拉着后主的胳膊，说："此言难信。"催促后主快走。高纬与冯淑妃刚一走，齐军大败，死者万余人，军资器械丢弃数百里。

宇文邕进入平阳城，梁士彦见武帝，泣不成声，说："臣几乎见不到陛下了。"武帝也为之感动流泪。

高纬逃至晋阳，想北投突厥，被安德王高延宗劝阻。

武帝与齐王宇文宪领兵合攻介休，齐守将韩建业举城降周。周军乘胜围攻晋阳（今山西太原），齐后主命高延宗守晋阳，自己连夜出逃想投奔突厥。领军梅胜郎叩马苦谏，于是后主奔邺（今河北临漳）。周军攻下晋阳，高延宗被俘。

高纬逃到邺，于建德六年（577）正月让位给八岁的儿子高恒，自己当太上皇。周军很快兵临邺城。高纬出逃，邺城陷落，文武百官降周。高纬父子逃至青州，被尉迟勤追获，押送长安，北齐灭亡。

高颎作为内史下大夫，跟随武帝参加灭齐战役。高颎并未亲自领军作战、攻城略地，而是作为武帝的参谋人员，处理军情，出谋划策。高颎曾在宇文宪府中做记室，屡次出征，因此很了解军事，颇熟兵法谋略。平齐之后，武帝论功行赏，高颎因功拜开府。

四、平定稽胡

稽胡是南北朝时期我国西部一支少数民族，又称步落稽，是匈奴别支，为匈奴刘元海五部后裔。也有人认为稽胡是山戎赤狄后代。稽胡最初居住在离石（今山西离石）以西、安定以东方圆七八百里的山谷之间。稽胡已经过着定居生活，主要以农业为生。桑蚕较少，多种麻，穿麻布衣服。男子服饰及殡葬风俗与汉人大体相同。妇女多用贝壳穿成串，挂在耳朵和脖子上作为装饰物。稽胡与汉人杂居相处，其首领大多都识汉字，然而仍保留其原始风俗。女子婚前可以自由与男子相好同居，将要出嫁前夕，才与情人叙别，其夫以妻子婚前情人多为荣。但婚后就不许与其他男人偷情。有犯通奸者，随时惩罚。又兄死，弟纳其嫂为妻。稽胡被北魏编为郡县之中，列入户籍。但多数人并不纳租赋，也不服徭役，不受政府拘束，因其地山高谷深，北魏也很难管辖。

稽胡人凶勇剽悍，经常骚扰内地，北魏孝昌年间（525—527），稽胡首领刘蠡升占据云阳谷，自称天子，立年号，置官设署。当时北魏正值末年，各地起义不断，无暇顾及，于是刘蠡升分遣部众，四出抢掠，汾、晋之间，岁无宁日。高欢迁都邺城，掌握东魏大权以后，便开始征讨稽胡。高欢诈称以女儿嫁给刘蠡升之子，使刘蠡升丧失警惕。大统元年（535）三月，高欢率军袭击刘蠡升。刘蠡升为北部王所杀。其部众又立其第三子南海王为主，与高欢对抗。高欢发兵击灭南海王，俘获南海王及其弟西海王和皇后、夫人、王公以下四百余人，押送邺城。东部稽胡被平定。

居于河西的稽胡，据险不服西魏管辖。宇文泰因与高欢争战不休，也无暇征讨，派黄门郎杨檦前去安抚。大统五年（539），稽胡黑水部反叛，七年（541），稽胡别帅夏州刺史刘平伏又据上郡反叛，北部数郡，连年遭稽胡寇略。宇文泰派李远、于谨、侯莫陈崇、李弼等相继率兵征讨，平定了叛乱。武成初年（559），延州稽胡首领郝阿保、郝狼皮率众归附北齐。郝阿保自设丞相府，称丞相，郝狼皮自称柱国，与其别部刘桑德互相呼应。明帝宇文毓派柱国豆卢宁督率诸军与延州刺史高琳共同出兵，击败阿保、狼皮。第二年，狼皮率众又叛，大将韩果率兵进剿，俘获斩首稽胡甚多。

保定（561—565）中期，离石稽胡数次侵犯汾北，勋州刺史韦孝宽在险要之处筑城，屯兵积粮，防范稽胡。后来丹州、绥州、银州等地稽胡与蒲川稽胡首领郝三郎等又反叛。武帝派达奚震、辛威、于寔等率兵前后进剿，离散其部落。天和二年（567），延州总管宇文盛进屯银州，击败稽胡白郁久同、乔是罗等部，并将其首领斩首。

建德五年（576），宇文邕在晋州大败齐军，齐军丢弃的军资器械散落数百里，稽胡乘机出山将其全部抢走。于是稽胡立刘蠡升之孙刘没铎为主，号圣武皇帝，年号石平。六年（577），宇文邕灭掉北齐，想派兵一举捣毁稽胡巢穴，永绝后患。齐王宇文宪认为，稽胡部落很多，又被山谷阻绝，不可能一举歼灭。建议消灭其魁首，余众加以安抚。宇文邕于是派宇文宪为行军元帅，督率行军总管宇文招、宇文俭、宇文逌等讨伐刘没铎。宇文宪驻扎在马邑，令各军分道合进。刘没铎派天柱守河东，派大帅穆支据守河西。宇文宪命宇文俭攻天柱，宇文逌攻穆支，大败稽胡，斩首万余人。宇文招擒获刘没铎。余众尽降。

宣政元年（578），汾州稽胡首领刘受罗千又起兵反叛，武帝命越王宇文盛、内史下大夫高颎率军讨伐。很快击败稽胡，擒获刘受罗千。自此稽胡势力被消灭，西北部边境渐渐安定下来。宇文盛与高颎平定稽胡叛乱，将要班师回朝时，高颎向宇文盛建议，西北部边境战略地位重要，应选派文武双全、精明强干之人镇守。高颎推荐并州总管长史、仪同大将军虞庆则，于是回朝之后向武帝上表请求派虞庆则镇守汾、晋一带。武帝于是任命虞庆则为石州总管。虞庆则恩威并用，境内清肃，稽胡慕义而归者八千余户。

第二章

辅佐杨坚，建立隋朝

一、宣帝误国

武帝宇文邕平齐统一北方之后，并没有居功自傲，沉浸酒色之中，纵情享乐，而是继续躬亲朝政，兢兢业业，准备平定江南，完成天下统一。武帝生活俭朴，"身衣布袍，无金宝之饰，诸宫殿华绮者，皆撤毁之，改为土阶数尺，不施栌栱。其雕文刻镂，锦绣纂组，一皆禁断。后宫嫔御，不过十余人。劳谦接下，自强不息"，"破齐之后，遂欲穷兵极武，平突厥，定江南，一二年间，必使天下一统，此其志也"。但是，非常不幸，灭齐第二年，武帝病死，年仅三十六岁。

武帝死后，长子宇文赟即位，是为周宣帝。宣帝是历史上有名的昏君，北周江山就断送在他手中。

宇文赟在做太子时就放荡不羁，只是因为武帝对他管教甚严，他才不得不有所收敛。宇文赟嗜酒如命，常常喝得烂醉如泥。于是宇文邕下令，不许将酒带进东宫。武帝怕他以后不能担当治国大任，对其严加管教。"朝见进止，与诸臣无异，虽隆寒盛暑，亦不得休息。"每当宇文赟犯了错误，武帝就把他叫来痛打一顿。武帝曾对宇文赟说："古来太子被废者几人，余儿岂不堪立耶！"劝宇文赟好自为之。武帝还让东宫官员记录太子言行，每月汇报。

当时，内史中大夫王轨（因被赐姓乌丸氏，所以也叫乌丸轨）曾多次劝武帝废太子宇文赟而立秦王宇文贽。宇文赟因此常常感到不安。武帝曾让宇文赟西征吐谷浑。宇文赟很害怕，对郑译说："秦王宇文贽是皇帝的爱子，乌丸轨又是皇帝的宠信大臣。我这次西行，是不是也会同扶苏（扶苏为秦始皇长子，因得罪秦始皇，被派往北部边境防御匈奴。秦始皇死后，其弟胡亥即位，即秦二世）一样呢？"郑译劝宇文赟要伪装仁孝，别得罪武帝。宇文赟"惮高祖（宇文邕）威严，矫情修饰，以是过恶不外闻"。尽管如此，还是有人看出宇文赟不争气。王轨一次陪武帝喝酒，乘着酒酣，捋着武帝胡须说："可爱好老公，但恨后嗣弱耳。"

武帝一死，宇文赟当上皇帝，如鱼得水，马上现出本来面目，恣意妄为。

首先，宇文赟即位之后便将他最妒忌和畏惧的叔父宇文宪杀掉。为泄私愤，又将王轨杀死，逼死宇文神举、宇文孝伯两位宗室重臣。当初宇文赟做太子时，曾率军西征吐谷浑，行军之中曾有不轨行为，当时宫尹下大夫郑译也参与。班师之后，宇文孝伯和王轨向武帝汇报。武帝大怒，将郑译除名，又痛打宇文赟数杖。宇文赟即位，郑译又被召回。宣帝宇文赟回想起自己被打，怒气涌上心头，于是问郑译："我脚上杖痕，是谁所为？"郑译告诉宣帝是宇文孝伯和王轨所为，并将王轨捋武帝须一事告诉宣帝。因此，宣帝立即将王轨杀死，以解心中之恨。

宣帝将宇文宪、王轨等忠良正直的大臣杀掉，重用善于阿谀奉承的郑译、刘昉二人。

郑译，字正义，荥阳开封府人。祖父郑琼为魏太常。父郑道邕任北周司空。郑译自幼聪明机敏，涉猎群书，特别喜欢音乐，通晓音律，有名于当时。周武帝时任给事中士、银青光禄大夫、左侍上士，与仪同刘昉一起侍奉武帝，常在左右。武帝亲政后，任御正下大夫。不久任太子宫尹，被太子宇文赟亲爱。太子西征有过失，被太子亲幸的东宫大臣都被武帝谴责，郑译也被除名。后来复官，任吏部下大夫。郑译很善于讨太子喜欢，常与宇文赟一起狎戏。曾问太子："殿下何时可得据天下？"宇文赟因被武帝责打，心情郁闷，被郑译一问，想起自己很快能当上皇帝，心情又高兴起来，因此对郑译更加亲昵。宣帝即位，授郑译为开府仪同大将军、内史下大夫，封归昌县公，食邑一千户。宣帝委郑译以朝政，不久又迁内史上大夫，晋封沛国公，食邑五千户。

刘昉，博陵望都人。其父刘孟良为魏大司农，后来随宇文泰入关中，任东梁州刺史。刘昉性情轻浮狡诈，武帝时以功臣之子身份侍奉太子。宣帝即位，因善于迎合宣帝被亲信，出入宫掖，宠冠一时。授大都督，又升任小御正，与御正中大夫颜之仪一同被宣帝宠信。

其次，宣帝穷奢极欲，荒淫无度。武帝刚死，还没出殡，宇文赟脸上没有一点哀伤表情，反而用手摸着自己为太子时所受杖痕，大骂武帝："你这个老东西，早就该死了！"宇文赟还闯入后宫，强行与武帝宫女淫乱。即位不到一年，便采择天下美女以充后宫。常泡在后宫之中，十天不出来。所有朝政，都交宦官处理。所居宫殿，帷帐都饰以金玉珠宝，光华炫耀，极丽穷奢。宣帝本来嗜酒如命，因武帝不许将酒带入东宫，宇文赟只好忍受。现在武帝已死，无人能阻拦自己，便尽情纵酒为乐，常常酗饮过度。有一下士杨文祐曾用歌讥讽宣帝："朝亦醉，暮亦醉。日日恒常醉，政事日无次。"郑译将此事奏给宣帝，宣帝大怒，将杨文祐痛打二百四十杖，活活打死。后又有甲士皇甫猛用歌讽谏宣帝，被赐猛杖一百二十。

宣帝即位第二年，就把皇位传给七岁的儿子宇文衍（后改名宇文阐），自己做太上皇，而这一年他才二十一岁。他自称天元皇帝，所居宫殿称天台。"唯自尊崇，无所顾惮。国典朝仪，率情变改。后宫位号，莫能详录。每对臣下，自称为天。"非常狂妄自大。他与后妃等于后宫并列而坐，用宗庙祭祀用的礼器做餐具。他还令群臣朝见天台者，斋戒三天，清身一日，才能拜见。他自比上帝，不让别人与自己有相同之处。自己着绶带，戴通天冠，加金附蝉，看见侍臣武士有金蝉及王公有绶带者，都让去掉，他还不喜欢听人有高大之称。让姓高者改姓羌，九族称高祖者改称长祖，曾祖为次长祖，官名中凡称上及大者令改为长，有天字者也改过来。完全是胡闹。他还禁止天下妇女施粉黛，只有宫女才准加粉黛化妆。

宣帝纵情游乐，不理朝政，每次召集大臣议论，只想兴建宫室，从不言及朝政。宣帝"游戏无恒，出入不节，羽仪仗卫，晨出夜还。或幸天兴宫，或游道会苑，陪侍之官，皆不堪命。散乐杂戏，鱼龙烂漫之伎，常在目前。好令京城少年为妇人服饰，入殿歌舞，与后宫观之，以为喜乐"。真是花样百出。

最后，宣帝还滥施刑罚，大逞淫威。宇文赟性情残忍暴戾，还在当太子时，就厌恶其叔父宇文宪及王轨、宇文孝伯等。即位后，先将这些人诛戮，因此内外不安，人人自怀危惧之心。宣帝又怕自己失去众望，行宽法以取悦人心。大象元年（579）下诏："高祖所立《刑书要制》用法深重，其一切除之。"然而宣帝荒淫日甚一日，恶闻其过，诛杀无度。又数次大赦，使犯法者轻法而无所畏惧。由于政令不一，下面无所适从。于是又实行严刑峻法，宿卫之官，一日不值宿，罪至削除为民。逃亡者都被处死，家口被籍没为奴。上书字写错者，也要定罪。处罚犯人，鞭杖都是一百二十，名曰天杖，后又加至二百四十。上自公卿，内至后妃，都被其杖打，因此上下怨恨。宣帝怕群臣规谏，不能为所欲为，派左右做间谍，秘密侦察大臣行踪言行。"动止所为，莫不抄录，小有乖违，辄加其罪。自公卿以下，皆被楚挞，其间诛戮黜免者，不可胜言。"

因此，在宣帝统治之下的周朝，"内外恐惧，人不自安，皆求苟免，莫有固志，重足累息，以逮于终"。人人自危，上下离心，败亡端倪已露。宣帝一死，北周大权便落入杨坚之手。

二、杨坚篡周

杨坚，弘农华阴（今陕西华阴）人，出生在一个显赫的豪门世家。其祖先为东汉太尉杨震。杨震第八代孙杨铉仕燕，为北平太守。杨铉儿子杨元寿曾任北魏武川镇（今内蒙古武川西）司马，杨氏家族从此在武川定居下来。杨元寿儿子杨惠嘏为太原太守，孙子杨烈为平原太守。杨烈儿子杨祯任宁远将军，杨祯儿子杨忠，就是杨坚的父亲。杨氏一家历代在北魏任高官，声名显赫，是有名的门阀世族。

杨坚父亲杨忠在北周也是声名显赫。杨忠十八岁时曾东游泰山，正值南朝梁派兵北伐，杨忠为梁所俘，在梁生活五年，后从北海王元颢入洛阳，被授直阁将军。后来，杨忠跟随孝武帝元修自洛阳西迁入长安，投奔宇文泰。杨忠被授安西将军、银青光禄大夫。曾跟随独孤信进攻荆州，因寡不敌众，与独孤信一起奔梁。大统三年（537），与独孤信一起回到长安。在沙苑之战中，杨忠立有战功，被授征西将军。此后，杨忠在宇文泰手下东征西讨，屡立战功。曾被宇文泰赐姓普六茹氏。后来北周建立，杨忠官至柱国、大司空，封随国公。

杨忠妻子吕氏，山东济南人，出生在一个贫贱之家。大统七年（541）六月，吕氏在冯翊（今陕西大荔）般若寺生杨坚。据史书记载，杨坚出生时与众不同。当时紫气充庭，有一来自河东的尼姑对吕氏说："这个孩子来历不凡，不可在俗间抚养。"于是将杨坚放在别馆亲自照料。吕氏曾抱杨坚，忽然发现他头上长出犄角，全身长出鳞片。吕氏大惊，将杨坚扔在地上。尼姑从外面进来，说："已经惊动我儿，致使我儿晚得天下。"杨坚长相也与众不同，为人龙颜，额上有五柱入顶，目光外射，手掌有纹如王字形。身材上长下短，表情深沉端重。

这些记载无非是说杨坚一生下来就有帝王之相，是龙降人间，注定以后会当天子。这些并不可信，可能是杨坚称帝之后编造出来的。

杨坚少时曾在太学读书，但杨坚"素不悦学"，因此读书并不用功。杨坚性格内向，不善与人交往。"初入太学，虽至亲昵不敢狎也。"

杨坚十四岁开始做官。这年京兆尹薛善召杨坚入薛府，任功曹。十五岁时，因为其父杨忠功勋卓著，被授散骑常侍、车骑大将军、仪同三司，封为成纪县公。十六岁时授骠骑大将军，加开府。这一年，宇文觉废西魏恭帝拓跋廓，称帝建立北周。不久，宇文觉被宇文护杀掉。周明帝宇文毓即位以后，杨坚被封为大兴郡公，授右小宫伯。武帝即位后，杨坚出任隋州刺史，晋位大将军。天和三年（568）杨忠死，杨坚袭父爵为随国公。建德六年（577），杨坚跟随武帝参加灭齐战役，因功授柱国。建德七年（578），杨坚跟随齐王宇文宪进军冀州，击败北齐任城王高湝。杨坚随后被任命为定州总管，不久，又转任亳州总管。

杨坚自从政以来并没有突出的政绩和军功，但是却不断加官晋爵。这主要与杨坚的家庭背景和社会关系有关。杨氏家族为关陇名门望族，世代任高官，其父杨忠最初投在独孤信军中，为独孤信部下。宇文泰创建府兵组织，设八柱国、十二大将军，杨忠为十二大将军之一。杨忠后官至柱国大将军、大司空，在北周也是很有威望的元老重臣。恭帝三年（556），北周重臣、柱国大将军、大司马独孤信将其十四岁的第七女嫁给杨坚为妻。而独孤信长女为周明帝宇文毓皇后，因此，杨坚与北周皇室有姻亲关系。后来，杨坚又将长女嫁给武帝太子宇文赟为妃，宣帝即位，杨坚之女被立为皇后。因此，凭着这些关系，杨坚仕途得意，平步青云。

杨坚地位的上升也引起一些人的妒忌，险些遭人暗算。"宇文护执政，尤忌高祖（杨坚），屡将害焉，大将军侯伏侯寿等匡护得免。"另外，齐王宇文宪也曾劝武帝除掉杨坚。宇文宪对武帝说："杨坚相貌不一般，我每见到他，都觉得不舒服，恐怕他不能久居人下，请尽早除掉他。"王轨也曾对武帝说杨坚貌有反相，但是武帝并未听从。杨坚虽幸免遭暗算，但自此以后格外小心，表面上谦恭，暗中却积极拉拢关系，寻求自我保护。

宣政元年（578）六月，武帝死，宇文赟即位，杨坚成为宣帝岳父，地位空前提高，权势也随之上升。宣帝即位不久，任命杨坚为上柱国、大司马。大象元年（579）初，杨坚升任大后丞、右司武，七月升任大前疑（相当于丞相）。宣帝外出巡幸时，委托杨坚处理朝政。杨坚离权力的顶点越来越近，其代周自立的野心也更强烈。

杨坚虽不爱读书，但为人机智狡诈，少时就有大志。杨坚很早就有要当皇帝的野心。

杨坚与北周大都督郭荣少年时是好朋友，二人感情很好，无话不说。一次，杨坚与郭荣夜坐月下，杨坚对郭荣说："我仰观天象，俯察人事，发现周朝的历数已尽，我将要取而代之。"郭荣后来与杨坚仍保持密切关系。宣帝死后，杨坚辅政，将郭荣招到相府，用手拍着郭荣背，笑着说："我的话应验了没有？"杨坚于是任命郭荣为相府乐曹参军。

当初杨坚被任命为隋州刺史，在赴任途中路过襄阳，与庞晃相识。庞晃，榆林人，其父庞虬为北周骠骑大将军。庞晃以良家子身份被刺史杜达召补州都督。宇文泰占据关中，西魏建立后，庞晃被授大都督，统领亲信士兵。后升任骠骑大将军。卫王宇文直出镇襄州，庞晃以骠骑大将军身份跟随宇文直到襄阳，成为宇文直部下。杨坚途经襄阳，卫王宇文直派庞晃前去拜访杨坚。庞晃知道杨坚身份不一般，很愿意与杨坚结交。杨坚离职赴京，路过襄阳，庞晃迎杨坚到襄邑。二人相见甚欢，庞晃对杨坚说："你相貌不一般，名在图箓，等当上皇帝时，别把我忘了。"杨坚笑着说："不要随便说这种话嘛。"不一会儿，一只野鸡飞到院子里鸣叫，杨坚对庞晃说："你射中这只野鸡有赏，当我富贵之时，可拿它作凭验去领赏。"庞晃果然一箭射中，杨坚拍手大笑，说："这真是天意啊。"于是赏给庞晃两名奴婢，以后二人感情日益密切。武帝时，庞晃任常山太守，杨坚为定州总管，二人往来不断。后杨坚转任亳州总管，临行前不太高兴，庞晃对杨坚说："燕、代为天下精兵所在之处，现在如果起兵，天下容易取得。"劝杨坚起兵夺权，杨坚紧握着庞晃的手，意味深长地说："时机还没到啊。"可见，杨坚要当皇帝的野心已溢于言表。杨坚为丞相后，庞晃晋位开府，督率左右，为杨坚心腹亲信之一。等到后来杨坚当了皇帝，杨坚对庞晃说："射鸡时的预言，今天应验了没有？"庞晃叩首对杨坚说："陛下顺应天命民意，君临宇内，还记得以前所说的话，真令人高兴。"庞晃晋位上开府，拜右卫将军。

北周大将军、宁州总管宇文庆与杨坚关系不错，杨坚未当丞相之时，曾与宇文庆谈论天下大事，杨坚对宇文庆说："天元皇帝（宣帝）无德，观其相貌，寿命也不会长。加以法令严苛繁杂，沉迷声色，依我看，周的统治不会长久。而且宇文氏诸王势力不强，各自在藩国，因此没有培植根本之策，将其羽翼剪除，就不会有什么作为。尉迟迥为周皇室贵戚，早就声望卓著，国家一旦有变化，一定会起兵造反。但是尉迟迥智庸量浅，子弟轻浮，贪婪而对下少恩惠，迟早要灭亡。司马消难反复难测，非池中之物，一旦有变，也会起来逐鹿一番。但是其人轻薄又无谋略，不会成为大气候，只不过会逃窜江南而已。庸、蜀地势险要，容易为患。但益州总管王谦愚蠢，本来又缺少韬略，也不会有什么大的威胁。"杨坚此番分析，很快为后来发生的事所证实。后来，杨坚为相，宇文庆怕杨坚忘了自己，得不到提升，于是将杨坚这番话全部记录下来，写表奏上，杨坚见表十分高兴，将宇文庆夸奖一番。曾下诏给宇文庆，说："我与卿向来亲密，所有平生抱负和委曲之事，无所不谈。说过的话历时这么久，还能记忆下来，今天看过表章，才想起以前我说的话。不想以前说的这番话，竟变成实录。古人能预知祸福，今天真的相信了。我说的话能应验，也是偶然。公能不忘，上表奏进，真令人感动。"杨坚授宇文庆为上大将军，掌管丞相府军事，委以心腹。

由此可见，杨坚要称帝，是早有思想准备的。杨坚不但结交地方掌握兵权的实力派人物，也注意拉拢一些高门大族，与他们拉上关系，编织自己的关系网，提高自己的威望。例如元孝矩，鲜卑大族，其祖父与父亲都曾任魏尚书仆射。宇文泰为晋公宇文护娶元孝矩之妹为妻，宇文护当政时，元孝矩也是红极一时。宇文护被诛，元孝矩被免官徙蜀，后来回到京师，拜益州总管，不久任司宪大夫。杨坚看中元孝矩门第高贵，于是为长子杨勇娶元孝矩之女为妻。北徐州刺史李礼成，陇西大族出身，世代为高官，其妻早亡，杨坚将妹妹嫁给李礼成为继室。杨坚与李礼成因此成为知己。杨坚为相，晋位其上大将军，授司武上大夫。

杨坚名望的提高和势力的上升引起宣帝猜忌，宣帝常对杨皇后发火，说："一定要灭掉你全家。"宣帝曾召杨坚入殿，事先对左右说："如果杨坚表情不对，就杀掉他。"杨坚到了之后，表情镇定自若，宣帝才没下手。

杨坚受到宣帝猜忌，内心十分不安，害怕喜怒无常的宣帝不知什么时候会对自己下毒手，因此想暂时离开京城这个是非之地。他把自己的想法告诉了自己太学读书时的同学、宣帝宠臣内史上大夫郑译，让郑译从中帮忙。大象二年（580）五月，宣帝命郑译为元帅，率军南下伐陈。郑译乘机向宣帝推荐杨坚与自己同行，于是宣帝任命杨坚为扬州总管。大军未及出发，宣帝病危。

宣帝召御正下大夫刘昉与御正中大夫颜之仪入卧房，准备托付后事。等刘昉等进去之后，宣帝已不能说话。刘昉见宣帝儿子宇文阐只有八岁，是个不懂事的孩子，不能亲政，而杨坚是宣帝岳父、宇文阐外祖父，又有威望。为了自己日后能飞黄腾达，便与郑译、御史大夫柳裘、内史大夫韦谟、御正卜士皇甫绩等合谋，想引杨坚入朝辅政。郑译、刘昉派人将杨坚找来。因事发突然，杨坚心中又没底，便故作推辞。柳裘对杨坚说："事不宜迟，机不可失，事已至此，应早定大计。天予不取，反受其咎。如再拖延，恐怕留下后患。"刘昉见杨坚推辞，很着急，对杨坚说："你想辅政当丞相，就快点答应下来。如果不想干，我刘昉自己干。"杨坚早已有代周之心，哪里肯放过这千载难逢之机，于是痛快答应下来。当天，宣帝死，郑译、刘昉等伪造宣帝遗诏，以杨坚为丞相，"总知中外兵马事"。郑译、刘昉将伪造的诏书拿来让颜之仪在上面签字。

颜之仪见当时宣帝已不能说话，知道诏书内容有假，便拒绝在上面签字。他要求让北周宇文氏宗室大臣来辅政。刘昉等见颜之仪拒绝签字，便找人代他在上面签字。刘昉等秘不发丧，等杨坚等准备妥当，基本上控制了宫廷，十三天后才发丧，刘昉等宣读宣帝遗诏，立宇文阐为帝，是为周静帝。杨坚以外祖父身份辅政，为假黄钺、左大丞相。百官以下听命于左丞相。另外以汉王宇文赞为上柱国、右大丞相。杨坚以正阳宫为丞相府，郑译为长史，刘昉为司马。北周大权落入杨坚手中。

杨坚受遗诏辅政时，朝廷百官群情不一，许多人对杨坚辅政表示不服，杨坚的亲信、司武上士卢贲以武力将百官制服。

卢贲为涿郡范阳人，其父卢光为周开府，封燕郡公。武帝时，卢贲袭父爵燕郡公。曾任鲁阳太守、太子小宫尹、仪同三司。因平齐有功，升司武上士，掌宫廷宿卫。杨坚任大司武时卢贲便投靠杨坚，二人结为心腹之交。当刘昉等宣读诏书时，杨坚让卢贲在宫廷内外布置好警卫的武士。当杨坚要往东宫（东宫即正阳宫，杨坚以此为丞相府）时，百官不知所从，犹豫观望。杨坚大声喊道："想求富贵者跟我来！"这时仍有人犹豫不决，有的还相互商量，想要离开。这时卢贲率全副武装的武士出现，公卿百官面面相觑，于是乖乖随杨坚前往东宫。到了东宫，守门人不让进，卢贲派人前去吩咐他们立即开门，还是不听。于是卢贲上前，怒目而叱，守门人吓跑，杨坚率百官入东宫，杨坚任命卢贲掌管相府警卫。杨坚控制了朝廷，政变成功。

三、投靠杨坚

杨坚在郑译、刘昉等人协助下，假托宣帝遗诏，受命辅政，总知中外兵马事。杨坚掌权之后，必须建立起自己的统治核心，才能牢牢控制北周大权，为以后篡周自立打下基础。当时的大将军元谐是杨坚在国子监读书时的同学，二人关系很密切。元谐在杨坚辅政之前就曾劝杨坚收罗党羽，培植亲信集团。元谐说："你没有亲信作为后援，就好像水中一堵墙，太危险了。"杨坚点头称是。

杨坚在宣帝病危、自己被刘昉等找去辅政时，就派人去争取御正下大夫李德林。

李德林，字公辅，博陵安平人。父亲李敬族，曾任魏太学博士、镇远将军。东魏孝静帝时被选为内校书，在直阁省校订典籍。李德林可以说是出生在一个书香门第。李德林自幼聪颖机敏，刚几岁时，背诵左思《蜀都赋》，十几天便能倒背如流。当时高隆之见了之后很惊叹，于是遍告朝士，称如果再过几年，李德林长大，必定会成大器。邺城中许多人前去府中目睹这位小神童。据说一个月中，其家车马络绎不绝。李德林自幼喜欢读书，十五岁时，背诵"五经"及古今文集，每天数千言。不久就通览典籍及阴阳纬候之书。李德林擅长作文，文笔流畅，文思敏捷。十六岁丧父，母又多病，于是在家中一边侍奉母亲，一边读书。不久母亲病情好转，逼令德林入仕求官。

任城王高湝任定州刺史，闻知李德林才学出众，将他召入府中，与李德林朝夕同游，对李德林很欣赏。齐天保八年（557），举李德林为秀才，入邺参加考试。高湝写信给尚书令杨尊彦，推荐李德林。信中说："燕赵固多奇士，此言诚不谬。今岁所贡秀才李德林者，文章学识，固不待言，观其风神器宇，终为栋梁之用。至如经国大典，是贾生（陆贾）、晁错之俦；雕虫小技，殆相如（司马相如）、子云（扬雄）之辈。今虽唐、虞君世，俊乂盈朝，然修大厦者，岂厌夫良才之积也。"对李德林评价很高。李德林在京考射策五条，都名列第一，被授殿中将军。李德林在北齐历任给事中、中书舍人等职，参与起草诏书文告。后任中书侍郎，参与修撰国史。

武帝灭齐，派小司马唐道和带诏书去李德林府中征召李德林。武帝派内史宇文昂向李德林询问有关齐的风俗政教、人物善恶，被留在内史省，三天后才回家。后跟随武帝回长安，授内史上士。自此以后，"诏诰格式，及用山东人物，一以委之"。宣政元年（578）升任御正下大夫。

杨坚知道李德林饱读诗书，满腹才学，又熟悉朝政，是一个难得的谋士，便派邗国公杨惠去找李德林。杨惠将杨坚的意思告诉了李德林，李德林当即表示愿为杨坚效命，他说："德林虽才学粗浅，但忠诚还是有的。如果能得到丞相厚爱提携，愿以死相报。"于是杨坚将李德林召来，与其密谈。当时郑译、刘昉二人商议，让杨坚任大冢宰，郑译自任大司马，刘昉任小冢宰。实际上二人是想分割杨坚的权力。杨坚问李德林怎么看这个问题。李德林回答："你应立即任大丞相，假黄钺，都督中外诸军事，不然的话，无法压服众心。"杨坚深以为然，等发丧时便依李德林之计，自任左大丞相。以郑译为相府长史兼内史上大夫，刘昉为相府司马，李德林为相府属，加仪同大将军。

杨坚辅政之后，首先要争取的人是高颎，因为杨坚知道高颎精明强干，又熟悉军事，足智多谋，是难得的治国人才。

高颎与杨坚早就相识。高颎父亲是独孤信部下，独孤信第七女是杨坚之妻。独孤信死后，其家属被徙蜀，杨坚之妻独孤氏很孤独，举目无亲，因为高颎之父高宾是其父部下，所以独孤氏经常到高家走动，因此与高颎很熟。杨坚因此对高颎也很了解。

杨坚派邗国公杨惠去找高颎，转达了杨坚要高颎到相府任职的意思。高颖很高兴地答应为杨坚效命，说："愿意为丞相效犬马之劳。即使丞相事不成，颖也不惜甘受灭族之祸。"杨坚于是任命高颖为相府司录。

高颖之所以甘冒灭族杀头危险追随杨坚，是因为高颖看到周朝的统治越来越腐败，已经失去人心，穷途末路，不久即将瓦解。而杨坚出身名门望族，声望地位很高，又是静帝外祖父，已经大权在握，杨坚不久即将开创新王朝，高颖因此决定投靠杨坚，一展平生抱负和才干，建功立业。

四、监军平叛

杨坚入朝辅政，地位还不巩固，虽然控制了朝廷，但是宇文氏诸王大多在地方，掌握着一定地盘和武装，他们决不会心甘情愿看到北周大权落入外戚杨坚手中。另外还有许多北周大臣和地方上的将领也不服。杨坚必须采取措施，除掉反对势力，巩固自己的地位。

杨坚首先解决宗室宇文氏势力。

当时静帝宇文阐叔父汉王宇文赞居宫中，常与静帝同帐而坐，十分亲密。宇文赞被任命为上柱国、右大丞相，在朝中地位与杨坚不相上下。但宇文赞很年轻，刚二十来岁，为人才学平庸，缺乏政治经验，根本不是老谋深算、奸诈狡猾的杨坚的对手。刘昉挑选几名美妓进献给宇文赞，宇文赞欣然接受。刘昉乘机劝宇文赞先不要过问朝政，回家享受美女和其他玩乐，等以后时机成熟再当皇帝。刘昉说："大王是先帝之弟，众望所归。宇文阐年幼不懂事，不能亲政。现在宣帝刚死，人情纷乱，大王不如先回王府，等事情平静安定下来以后再入宫当天子，这才是万全之计。"宇文赞信以为真，回家静等佳音。

真正对杨坚构成威胁的是宇文泰的五个儿子，即赵王宇文招、陈王宇文纯、越王宇文盛、代王宇文达、滕王宇文逌。他们早已成年，各自在藩国，并且掌握武装，一旦起兵，后果严重。宣帝死的当天，杨坚以赵王宇文招之女要嫁突厥为由，召赵王等五王入京。六月，赵王等到达长安。这时，尉迟迥已起兵反叛，因此杨坚对五王极力安抚，以便稳住他们。因为这些人离开原来的势力范围来到长安，已成为笼中之虎，没有大的作为。杨坚要集中力量对付尉迟迥。杨坚待五王以殊礼，允许他们"剑履上殿，入朝不趋"。雍州刺史宇文贤与五王密谋刺杀杨坚，事情败露，杨坚将宇文贤及其三个儿子杀掉，而对五王假装不知其参与此谋，不予追究。同时，杨坚还任命秦王宇文赞为大冢宰，杞公宇文椿为大司徒。

杨坚以外戚专权，遭到一部分北周大臣的反对。六月，相州总管尉迟迥首先起兵反抗。

尉迟迥，字薄居多，代州人。其祖先为鲜卑一支，号称尉迟部，因此以部名为姓。尉迟迥父亲尉迟俟兜，娶宇文泰姐姐昌乐大长公主为妻。尉迟迥自幼聪明机敏，长大后胸怀大志，爱好结交豪杰之士。初任大丞相帐内都督，娶西魏文帝元宝炬之女金明公主为妻，授驸马都尉。后跟随宇文泰出征，在沙苑之战中立有战功，因此升迁为尚书左仆射，兼领军将军。尉迟迥通达大度，有文武才干，深得宇文泰赏识，拜尉迟迥为大将军。后来梁侯景叛乱，萧纪在蜀称帝，率众东下，进攻梁元帝萧绎。萧绎害怕，赶紧向西魏求救，请出兵伐蜀。宇文泰认为时机已到，正好可以夺取四川。与群臣商议伐蜀，诸将大多反对，只有尉迟迥坚决支持宇文泰。于是命尉迟迥为元帅，督率诸将，统兵伐蜀。平蜀后，以尉迟迥为大都督、益潼等十八州诸军事、益州刺史。孝闵帝即位，北周建立，被授柱国大将军，封蜀国公。尉迟迥孙女尉迟炽繁，为宣帝天左大皇后。宣帝即位，以尉迟迥为大前疑，出任相州总管。

尉迟迥位高望重，是北周宗室姻亲，又掌握相州武装，成为杨坚篡周的最大障碍。杨坚辅政后，怕尉迟迥有异心，便派其子尉迟惇带诏书，以参加宣帝葬礼为名征召尉迟迥入京。不久，杨坚又任命上柱国韦孝宽为相州总管，以小司徒叱列长叉为相州刺史。杨坚令长叉先赴相州总管府治所邺城，让韦孝宽随后前去。

尉迟迥知道杨坚要图谋篡周，便密谋举兵讨伐杨坚，将其子尉迟惇留下，拒不去长安。韦孝宽行进至朝歌，尉迟迥派大都督贺兰贵前去迎接。韦孝宽从贺兰贵言谈中发现有些不对头，便称病不前，并派人去相州买药，以便暗中察看相州动静。韦孝宽弟韦孝艺，与尉迟迥为同党，任魏郡守。尉迟迥派韦孝艺前去迎接韦孝宽。韦孝宽询问有关尉迟迥情况，韦孝艺不说实话，韦孝宽大怒，要杀他，韦孝艺只好据实回答。韦孝宽于是与韦孝艺西奔，每到亭驿便将驿马全部牵走，并对驿站的驿吏说："蜀公将来，赶快准备酒饭。"尉迟迥派仪同大将军梁子康率数百骑兵追韦孝宽，到了驿站，见到准备好的丰盛酒宴，加之又无马，只好留下来美餐一顿，不再追赶。

杨坚见韦孝宽去相州不成，又派候正破六韩裒前去相州宣读谕旨，暗中送给相州总管府长史晋昶等人杨坚写的密信，想让他们作为内应。尉迟迥于是杀晋昶与破六韩裒，召集文武将士，登上城北楼，誓师起兵征讨杨坚。尉迟迥对部将们说："杨坚以平庸之才，凭借自己是宣帝皇后父亲的关系，挟持幼主而号令天下，威福由己一人，赏罚无章，不臣之迹，早已暴露于道路。我居将相之位，又是皇亲国戚（尉迟迥是周太祖宇文泰外甥），与周朝同休共戚，义不容辞。先帝（指宣帝）之所以让我镇守相州，本来就是托付我以安社稷之重任。今天我想与各位纠集义军，匡护国家，进可以享受富贵荣华，退可以尽为臣之节。各位意下如何？"众将士齐声喊道："愿为蜀公效命。"于是尉迟迥自称大总管，设置百官，奉赵王宇文招在藩国的幼子为号令，举兵反叛。尉迟迥侄子尉迟勤，当时任青州总管，也响应尉迟迥。尉迟迥与尉迟勤所辖各州县同时响应，一时间人数达数十万，声势浩大。

另外，荥州刺史宇文胄、申州刺史李惠、东楚州刺史费也利进、潼州刺史曹孝远也各据州郡响应。徐州总管司录席毗罗据兖州、前东平郡守毕义绪据兰陵，也起兵反对杨坚。

七月，郧州总管司马消难，八月，益州总管王谦也先后反抗。尉迟迥又勾结突厥南下，许割江、淮之地请陈国出兵。一时间，北周大半地区都被反叛势力控制，杨坚面临严峻考验。

在这同时，在京五王见时机已到，阴谋行刺杨坚。一天，赵王宇文招请杨坚到王府做客。杨坚带着酒菜来到，宇文招引杨坚到寝室就座，宇文招儿子宇文员、宇文胄及妃弟鲁封等佩刀站立两旁，又于帷席之间暗藏刀剑，在屋后埋伏武士。杨坚随从除大将军杨弘和元胄之外均被挡在门外，不让进去。

宇文招事先嘱咐两个儿子，让他们在宴会之间乘切瓜之机行刺杨坚。当杨坚与宇文招酒酣微醉之时，宇文招让他的儿子以刀切瓜献给杨坚，元胄见势不妙，上前对杨坚说："相府有事，不可久留。"宇文招呵斥元胄，说："我与丞相谈话，你想干什么！"元胄愤然站在一旁，怒目而视，提刀护卫杨坚，宇文招赐酒给元胄，对元胄说："我哪里有什么恶意？你不必这么紧张。"宇文招假装呕吐要离开，都被元胄扶回座位。宇文招又称喉干，让元胄去厨房拿水，元胄站立不动。这时滕王宇文逌从外面进来，杨坚出门迎接，元胄乘机对杨坚耳语道："情况不妙，赶快离开。"杨坚不以为然，说："他们这里又没兵马，能怎么样？"元胄说："兵马都是他们的，他们一旦先下手，大势已去。"杨坚重新入座之后，元胄听到屋后有盔甲披挂声音，知道情况紧急，对杨坚说："相府事急，还不快走！"拉杨坚下床，赶快出门。宇文招要追，被元胄挡住。杨坚以谋反罪杀赵王宇文招与越王宇文盛及其诸子。周宗室诸王几次想暗杀杨坚，幸赖都督李圆通保护才得免。

尉迟迥反叛后，杨坚发关中兵，任命上柱国、郧国公韦孝宽为行军元帅，梁士彦、元谐、宇文忻、宇文述、崔弘度、杨素、李询为行军总管，东讨尉迟迥。韦孝宽率军进至永桥城，诸将要攻城。韦孝宽说："城小而又坚固，如果一时攻不下来，有损我军威。"于是绕城而过，引军至武陟（今河南武陟），到达沁水东的河阳，因河水上涨，于是停止不前。尉迟迥派其儿子尉迟惇率十万大军前去应战，隔沁水与韦孝宽对峙。

韦孝宽派长史李询回长安向杨坚密报：梁士彦、宇文忻和崔弘度三人暗中接受尉迟迥的赠金，军中混乱，人心不稳。杨坚非常着急，与郑译、刘昉等商议，想另派人代替梁士彦、宇文忻和崔弘度。这时李德林认为不可，他对杨坚说："丞相与诸将都是国家大臣，他们心中并不服你，现在只是以挟天子之威来号令他们。你怎么知道后派遣之将必忠于你，而前面所派之人就一定离心？况且受金之事，虚实难辨。现在一旦替换他们，这些人可能畏罪逃跑，又要设法监视和关押他们。那么韦孝宽以下诸将，必然心中不安。临敌易将，此是燕、赵所以失败的原因（燕惠王听信谗言，用骑劫代替乐毅，燕为齐田单所败，赵惠文王听信敌人离间之言，用赵括代替廉颇，为秦白起所败）。依我之见，只要派一位既懂谋略又被诸将信服的心腹之人，赶快到前线，观察军情虚实。即使有人有异心，也不敢动，即使有变，也能控制住。"杨坚听后恍然大悟，说："德林不出此言，几乎要坏大事。"

杨坚首先找到心腹亲信崔仲方。崔仲方，字不齐，博陵安平人。祖父曾任魏荆州刺史，父亲为北周小司徒。崔仲方出身官宦之家，自幼喜好读书，有文武才干。十五岁时，宇文泰让崔仲方与他的几个儿子一同在国子监读书，杨坚当时也在国子监，与崔仲方关系很要好。后崔仲方担任晋公宇文护参军事，不久任记室。因军功授平东将军、银青光禄大夫。武帝时有灭齐之志，于是向武帝献平齐二十策，受到武帝赏识。宣帝即任，任少内史。宣帝死，杨坚辅政，崔仲方到相府，见到杨坚，表示愿为杨坚效命，当天夜里，崔仲方向杨坚陈述当前应做的十八事，杨坚欣然接受。崔仲方又劝杨坚及早登帝位。杨坚因崔仲方是自己亲信，又熟悉军事，便请崔仲方出任监军，前往军中督战。崔仲方以父在山东敌境为由推辞不去。杨坚于是想派郑译、刘昉中一人前去，便对郑译、刘昉说："现在须派心腹以统大军，你们二人谁能去？"刘昉说自己没有当过将领，不习兵事，郑译也以自己有老母为由推辞，杨坚很不高兴。正在杨坚为难之际，相府司录高颖找到杨坚，主动请命，要求去监军平叛。杨坚非常高兴，于是派高颖前去。高颖接受任命，立即出发，来不及辞别母亲，派人向母亲告别，说忠孝不能两全，只好匆忙上路。

高颖到达军中，军心大振。高颖立即命令士兵在沁水上造桥，准备渡河出击。为防备敌人从上游放火筏烧桥，便让士兵在桥上游一侧建造土狗（土狗即积土于水中，前锐后钝，前高后低，状如坐狗，使居上游以防止火筏）。尉迟惇在对岸列阵二十里，让部队稍微后撤，企图乘韦孝宽半渡时发动突然袭击，杀个人仰马翻。韦孝宽见敌军后撤，立即鸣鼓急进，迅速渡河。部队渡河之后，高颖烧掉渡桥，以激励士兵破釜沉舟，背水一战。尉迟惇被打得大败，乘单骑逃回邺城，韦孝宽率军乘胜追击至邺城。

尉迟迥两个儿子尉迟悼和尉迟祐率十三万大军，列阵于城南，尉迟迥另统万人，"皆绿巾锦袄，号曰黄龙兵"。尉迟勤率五万人马，自青州赶来增援，三千先锋已到邺城。尉迟迥身经百战，娴熟军旅，虽已年老，仍披挂上阵。尉迟迥部下都是关中人，为尉迟迥死命力战，韦孝宽虽然猛攻，仍被击退。高颎与李询重整队伍，准备再战。当时邺城男女老少数万人在一旁观战。高颎与宇文忻、李询等商议，以计取胜。于是宇文忻率众向观战人群射箭，人群大乱，纷纷溃逃，一片混乱。宇文忻大喊："贼兵败了！"这时韦孝宽大军发动猛攻，尉迟迥大败，退守邺城。韦孝宽率大军将邺城团团围住。李询与贺娄子干率众先登城，尉迟迥走投无路，登上城楼自杀。尉迟勤、尉迟悼等逃往青州，被仪同大将军郭衍追获，尉迟勤、尉迟悼被杀。邺城被攻破后，韦孝宽将城中尉迟迥部众全部坑杀。韦孝宽又分兵讨伐尉迟迥余部，全部平定了尉迟迥反叛势力。

尉迟迥被平定之后，杨坚任命王谊为行军元帅，讨伐司马消难。

司马消难，字道融，曾任北齐北豫州刺史，后背齐归周，被授大将军，封荥阳公。跟随武帝伐齐，升任大后丞。司马消难之女令姬嫁给静帝，立为皇后。杨坚辅政后，司马消难闻知尉迟迥反叛，也乘机杀总管长史侯莫陈昶、邙州刺史蔡泽等，起兵响应。郧州总管所辖邙、随、温等九州，鲁山、甑山、沌阳等八镇，也同时反叛。司马消难又送其子司马永到陈做人质，请求陈国出兵。司马消难听说王谊前来讨伐，率众奔陈。

杨坚辅政后，怕益州总管王谦不归附自己，命大将军梁睿为益州总管，代替王谦。梁睿行至汉川，王谦举兵反叛，派部将围攻始州。杨坚因尉迟迥之乱未平，无暇分兵进讨。尉迟迥及司马消难失败之后，杨坚便集中兵力讨伐王谦。杨坚向高颎询问何人可为将，领兵入川，高颎向杨坚推荐建平郡公于义，说："于义素有谋略，可以为元帅。"杨坚点头同意。刘昉因以前和于义有矛盾，便对杨坚说："梁睿名望向来很高，不可居于义之下。"杨坚于是改变主意，于十月任命梁睿为行军元帅，以于义、张威、达奚长儒、梁升、石孝义为行军总管，率兵骑二十万入川。王谦分兵据险固守，梁睿自剑阁入川，直逼成都。王谦率精兵五万，背城列阵，被梁睿击败，成都守军投降，王谦率三十人逃至新都，新都令王宝将其擒获，献于梁睿，梁睿将王谦斩首。

在此之前，各地小股反叛势力也被一一平定。这样，到当年十一月，所有反叛全部被铲平，杨坚巩固了自己的地位。

高颎在杨坚危难之际挺身而出，主动请命监军督战，稳定了军心，对平定尉迟迥叛乱起了关键作用。当时尉迟迥势力最大，影响也最大，对杨坚威胁也最大，战胜尉迟迥，解除了杨坚心腹之患，稳住了大局。所以高颎在平定反叛方面，功不可没。高颎得胜回京时，杨坚在相府卧室内设宴，为高颎洗尘。在席间，杨坚将御帷撤下，赐给高颎。高颎因平叛有功，晋位柱国，改封义宁县公，升任相府司马。杨坚对高颎日益信任和重用，对郑译、刘昉二人则逐渐疏远。

杨坚辅政之初，郑译、刘昉二人因拥立有功，因此深得杨坚宠信。杨坚封刘昉为黄国公，拜上将军，郑译晋位柱国，不久又晋位上柱国。杨坚引二人为心腹，相府之事，完全委托给郑译、刘昉。杨坚还分别赏给二人钱财巨万。刘昉、郑译二人"出入甲士自卫，朝野倾瞩，称为黄、沛（郑译在宣帝时封沛国公），时人为之语曰'刘昉牵前，郑译推后'"。但是当刘、郑二人拒绝担任监军时，杨坚十分不满，开始疏远郑译、刘昉。特别是刘昉，为人性情粗疏，贪财逐利，富商大贾，朝夕盈门。王谦、司马消难反叛之后，杨坚忧虑万分，寝食不安，而刘昉却纵酒游玩，不理公务，相府的军情大事，许多被遗漏。杨坚对刘昉十分怨恨，因此以高颎代刘昉为司马。郑译为人轻浮，不喜欢处理公事，而是贪于贿赂，聚敛钱财。杨坚对他很不满。因郑译拥立有功，不忍心撤其官职，暗中告诉属官，有事不要去找郑译。郑译虽然照样坐堂听事，但却无事可干。过了一段时间，郑译知道自己被疏远，很害怕，便找杨坚，叩头请罪，请求解职。杨坚将他安慰一番了事。

这样，高颎和李德林代替刘昉、郑译成为杨坚左右心腹。

五、开国功臣

杨坚辅政之后，便开始准备代周自立。杨坚曾夜召掌管天文历法的太史中大夫庾季才，询问上天对自己辅政的看法。杨坚说："我以平庸之才，受命辅政，天时人事，卿以为如何？"庾季才很明白杨坚的用意，便回答："天道精微，很难察测，但以人事来看，符兆已定。季才即使说不可，您难道会效仿箕、颖之事（传说尧让位于许由，许由不受，逃到箕山，在颖水用水洗耳，因为听到让位给他的话已污染了他的耳朵，所以洗耳）吗？"庾季才认为杨坚做皇帝的条件已成熟。其实庾季才心中明白，杨坚是想以天意来证明其应当做皇帝，而庾季才以天道精微难测为由没有回答，而直接从人事方面来说大势已定。杨坚被庾季才猜中了心思，一时语塞，沉默了一会儿才抬头说："我现在犹如骑在一头猛兽身上，实在是下不来了。"以此掩饰自己。杨坚要称帝，得到了妻子独孤氏的大力支持。独孤氏派人对杨坚说："既然大事已定，比如骑兽，既骑上就不能下来。你好好努力吧！"杨坚便为自己称帝一步步做准备。

杨坚于大象元年（580）九月，任命长子杨勇为洛州总管、东京小冢宰，以便控制东部地区。不久，杨坚以静帝诏书的形式任命自己为大丞相："假黄钺、使持节、左大丞相、都督内外诸军事、上柱国、大冢宰、随国公坚，感山河之灵，应辰星之气，道高雅俗，德协幽显。释巾登仕，缙绅倾属，开物成务，朝野成风。受诏先皇，弼谐寡薄，合天地而生万物，顺阴阳而抚四夷。近者，内有艰虞，外闻妖寇，以鹰鹯之志，运帐帷之谋，行两观之诛，扫万里之外，遐迩清肃，实所赖焉。四海之广，百官之富，俱禀大训，咸餐至道。治定功成，栋梁斯托，神猷盛德，莫二于时。可授大丞相，罢左、右丞相之官，余如故。"诏书中极尽称赞颂扬之辞，实为杨坚称帝制造舆论。十月，杨坚追封其曾祖杨烈为柱国、太保、都督徐兖等十州诸军事、徐州刺史、随国公；追封祖父杨祯为柱国、太傅、都督陕蒲等十三州诸军事、同州刺史、随国公；追封父亲杨忠为上柱国、太师、大冢宰、都督冀定等十三州诸军事、雍州牧。

为扫除称帝最后障碍，虞庆则劝杨坚尽灭宗室宇文氏，高颍、杨惠虽从内心里不太赞成，但还是同意了，只有李德林固争，以为不可。杨坚脸色一变，怒斥道："你是个读书人，没有资格参与此事！"十一月，杨坚诛杀陈王宇文纯及其诸子，十二月又杀代王宇文达、滕王宇文逌及其诸子，另外，还有许多宇文氏被杀。至此，宇文氏势力被消灭。李德林因诛宇文氏与杨坚闹翻，因此被疏远，自此以后品位不加，地位处在高颎、虞庆则之下。

十二月，杨坚又以静帝诏书的形式任命自己为相国，总百揆，封随王，以随州之崇业，郧州之安陆、城阳等二十郡为随国。并且允许自己"剑履上殿，入朝不趋，赞拜不名，备九锡之礼，加玺绂、远游冠、相国印绿绶绶，位在诸王之上"。

杨坚为笼络人心，取得广泛支持，在辅政之后宣布废除宣帝时的严刑峻法，停止洛阳宫的营建。又宣布废除北周对汉人的赐姓，各恢复本姓。

到大象元年底，杨坚称帝准备工作已完毕，接下来的问题就是选择登极日期。庾季才以天象理论和历史经验劝杨坚于二月甲子（十三日）称帝。庾季才说："二月日出卯入酉，居天之正位，谓之二八之门。日者，人君之象，人君正位，宜用二月。其月十三日甲子，甲为六甲之始，子为十二辰之初，甲数九，子数又九，九为天数。其日即是惊蛰，阳气壮发之时。昔周武王以二月甲子定天下，享年八百，汉高帝以二月甲午即帝位，享年四百，故知甲子、甲午为得天数。今二月甲子，宜应受天命。"杨坚很迷信，欣然接受了庾季才的建议。当时太傅李穆、开府仪同大将军卢贲、高颎等人也劝杨坚早登帝位。于是杨坚让李德林为静帝写退位禅让诏书。诏书中极力颂扬杨坚功德，希望杨坚顺承天命，依照舜代尧、曹丕代汉献帝故事，接受禅让，即皇帝之位。

大定元年二月甲子，周静帝派太傅、上柱国、杞国公宇文椿奉册，大宗伯、大将军、金城公赵煚奉皇帝玺绂，到杨坚王府宣读禅让诏书，将皇位禅让给杨坚。杨坚再三推辞，百官劝进，杨坚于是接受。杨坚自相府入宫，在临光殿正式即皇帝位。杨坚因封为随王，所以想以随为国号，但因随字有辶，辶意为走，不吉利，于是改为隋，以隋为国号。都长安，改大定元年为开皇元年（581）。杨坚封周静帝为介国公，食邑五千户，不为隋臣民，而为隋宾客。

高颎作为隋开国功臣，得到杨坚重用，任尚书左仆射兼纳言，位居宰相，晋封渤海郡公，"朝臣莫与为比"。

第三章

当朝执政，一代良相

一、荐贤自让

　　杨坚称帝，建立隋朝，采纳少内史崔仲方建议，废除北周模仿《周礼》所设置的六官，恢复汉、魏旧制，中央设三师、三公，置尚书、门下、内史、秘书、内侍五省，御史、都水二台，太常等十一寺，左、右卫等十二府。其中三师为荣誉职位，"不主事，不置府僚"。三公参议国之大事，置府僚，但隋代三公"其位多旷"，"无人则缺"，基本上不常设，置公，则坐于尚书都省。隋代朝中众务，总归于台阁。其中尚书、内史、门下三省最重要。尚书省"事无不总"，为中央最高行政机关。设尚书令一人，左、右仆射各一人。尚书省下辖吏部、礼部、兵部、都官（后改刑部）、度支（后改户部）、工部六曹，每一曹设尚书一人，分统三十六侍郎，各掌曹务。左仆射掌管吏部、礼部、兵部三曹事，右仆射掌管都官、度支、工部三曹事。六曹分工负责处理全国日常具体军政事务。门下省置纳言二人，给事黄门侍郎四人。内史省即汉之中书省，设内史监、内史令各一人，不久废监，置令二人。内史和门下二省为皇帝的决策和审议机关，掌管机密，参议国政，负责审议皇帝下发的诏书，批驳奏章及对皇帝进行规谏等。隋朝初步建立起三省六部制，加强了中央集权，对后世影响很大。内侍省主管宫廷事务，完全由宦官充任。秘书省掌管天文、历法及文秘事务，比较悠闲。

高颎作为开国功臣，受到杨坚重用，委以治国重任。高颎任尚书左仆射兼门下省纳言，隋代三省长官相当于秦汉的丞相，隋代尚书省虽设尚书令一职，但杨坚并未授人，所以尚书左仆射即是尚书省最高长官。因此，高颎身居宰相职位，面临的任务相当艰巨。隋朝刚刚建立，百废待兴，各种制度亟须重新厘定。隋朝北有突厥为患，南有陈国割据江南，国家尚未统一。隋朝经济因战乱而凋敝不堪，百姓流离失所，人心不稳。高颎深感责任重大，自己能力有限，他不贪恋权势，所以向杨坚推荐有经邦安国才能的苏威来接替自己。

苏威，字无畏，京兆武功人。苏威父亲苏绰为西魏时宇文泰的得力助手，帮助宇文泰成就霸业，英名盖世。苏绰出身于"累世二千石"的豪门望族之家，自幼喜爱读书，长大以后博览群书，有经天纬地之才。苏绰曾任著作郎，与宇文泰谈及治国之道。宇文泰听后对别人说："苏绰真是奇才啊，我将任用他来治国。"宇文泰拜苏绰为行台左丞，参典机密。苏绰为宇文泰制定文案程式以及计账法和户籍法。随后又向宇文泰奏请裁减冗员，实行屯田，都被采纳。苏绰被授大行台度支尚书，兼司农卿，苏绰向宇文泰提出有名的《六条诏书》，作为治国方针。

《六条诏书》主要内容有：

其一，先治心。百僚卿尹，虽各有所司，然其治民之本，莫若宰守之最重也。凡治民之体，先当治心。心者，一身之主，百行之本。心不清净，则思虑妄生。思虑妄生，则见理不明。见理不明，则是非谬乱。是非谬乱，则一身不能自治，安能治民也！是以治民之要，在清心而已。夫所谓清心者，非不贪货财之谓也，乃欲使心气清和，志意端静。心和志静，则邪僻之虑，无因而作。邪僻不作，则凡所思念，无不皆得至公之理。率至公之理以临其民，则彼下民孰不从化。

其次又在治身。凡人君之身者，乃百姓之表，一国之的也。表不正，不可求直影；的不明，不可责射中。今君身不能自治，而望治百姓，是犹曲表而求直影也。君行不能自修，而欲百姓修行者，是犹无的而责射中也。故为人君者，必心如清水，形如白玉。躬行仁义，躬行孝悌，躬行忠信，躬行礼让，躬行廉平，躬行节俭，然后继之以无倦，加之以明察。

其二，敦教化。天地之性，唯人为贵。明其有中和之心，仁恕之行，异于木石，不同禽兽，故贵之耳。然性无常守，随化而迁。化于敦朴者，则质直；化于浇伪者，则浮薄。浮薄者，则衰弊之风；质直者，则淳和之俗。衰弊则祸乱交兴，淳和则天下自治。治乱兴亡，无不皆由所化也。

然世道凋丧，已数百年。大乱滋甚，且二十岁。民不见德，惟兵革是闻；上无教化，惟刑罚是用。而中兴始尔，大难未平，加之以师旅，因之以饥馑，凡百草创，率多权宜。致使礼让弗兴，风俗未改。比年稍登稔，徭赋差轻，衣食不切，则教化可修矣。凡诸牧守令长，宜洗心革意，上承朝旨，下宣教化矣。

其三，尽地利。人生天地之间，以衣食为命。食不足则饥，衣不足则寒。饥寒切体，而欲使民兴行礼让者，此犹逆坂走丸，势不可得也。是以古之圣王，知其若此，故先足其衣食，然后教化随之。夫衣食所以足者，在于地利尽。地利所以尽者，在于劝课有方。诸州郡县，每至岁首，必戒敕部民，无问少长，但能操持农器者，皆令就田，垦发以时，勿失其所。及布种既讫，嘉苗须理，麦秋在野，蚕停于室，若此之时，皆宜少长悉力，男女并功。若有游手怠惰，早归晚出，好逸恶劳，不勤事业者，则正长牒名郡县，守令随事加罚，罪一劝百。

夫百亩之田，必春耕之，夏种之，秋收之，然后冬食之。此三时者，农之要者。若失其一时，则谷不可得而食。三农之隙，及阴雨之暇，又当教民种桑、植果，艺其菜蔬，修其园圃，畜育鸡豚，以备生生之资，以供养老之具。

其四，擢贤良。今刺史守令，悉有僚吏，皆佐治之人也。刺史府官则命于天朝，其州吏以下，并牧守自置。自昔以来，州郡大吏，但取门资，多不择贤良；末曹小吏，唯试刀笔，并不问志行。夫门资者，乃先世之爵禄，无妨子孙之愚瞽。刀笔者，乃身外之末材，不废性行之浇伪。若门资之中而得贤良，是则策骐骥而取千里也；若门资之中而得愚瞽，是则土牛木马，形似而用非，不可以涉道也。若刀笔之中而得志行，是则金相玉质，内外俱美，实为人宝也；若刀笔之中而得浇伪，是则饰画朽木，悦目一时，不可以充栋梁之用也。今之选举者，当不限资荫，唯在得人。苟得其人，自可起厮养而为卿相，伊尹、傅说是也，而况州郡之职乎。

将求材艺，必先择志行。其志行善者，则举之；其志行不善者，则去之。

夫良玉未剖，与瓦石相类；名骥未驰，与驽马相杂。及其剖而莹之，驰而试之，玉石驽骥，然后始分。彼贤士之未用也，混于凡品，竟何以异。要任之以事业，责之以成务，方与彼庸流较然不同。得贤而任之，得士而使之，则天下之治，何向而不可成也。

然善官人者必先省其官。官省则善人易充，善人易充，则事无不理；官烦则必杂不善之人，杂不善之人，则政必有得失。

其五，恤狱讼。赏罚得中，则恶止而善劝；赏罚不中，则民无所措手足。

民无所措手足，则怨叛之心生。是以先王重之，特加戒慎。夫戒慎者，欲使治狱之官，精心悉意，推究事源。先之以五听，参之以证验，妙睹情状，穷鉴隐伏，使奸无所容，罪人必得。然后随事加刑，轻重皆当，赦过矜愚，得情勿喜。又能消息情理，斟酌礼律，无不曲尽人心，远明大教，使获罪者如归，此则善之上也。然宰守非一，不可人人皆有通识，推理求情，时或难尽。唯当率至公之心，去阿枉之志，务求曲直，念尽平当。听察之理，必穷所见，然后拷讯以法，不苛不暴，有疑则从轻，未审不妄罚，随事断理，狱无停滞，此亦其次。若乃不仁恕而肆其残暴，同民木石，专任捶楚。巧诈者虽事彰而获免，辞弱者乃无罪而被罚，有如此者，斯则下矣，非共治所寄。今之宰守，当勤于中科，而慕其上善，如在下条，则刑所不赦。

又当深思远大，念存德教。与杀无辜，宁赦有罪；与其害善，宁其利淫。明必不得中，宁滥舍有罪，不谬害善人也。

其六，均赋役。圣人之大宝曰位。何以守位曰仁，何以聚人曰财。明先王必以财聚人，以仁守位。国而无财，位不可守。是故三五以来，皆有征税之法。虽轻重不同，而济用一也。今逆寇未平，军用资广，虽未遑减省，以恤民瘼，然令平均，使下无匮。夫平均者，不舍豪强而征贫弱，不纵奸巧而困愚拙，此之谓均也。故圣人曰：盖均无贫。

租税之时，虽有大式，至于斟酌贫富，差次先后，皆事起于正长，而系之于守令。若斟酌得所，则政和而民悦；若检理无方，则吏奸而民怨。

宇文泰见了之后，非常高兴，"常置诸座右。又令百司习诵之。其牧守令长，非通六条及计账者，不得居官。"

苏威五岁丧父，自幼聪颖过人。大冢宰宇文护很欣赏苏威才干，要将其女儿新兴公主嫁给苏威。苏威见宇文护专权，怕将来祸及自己，逃入山中躲避，为叔父所逼，终于成婚。但苏威婚后深避权势，常居山寺之中，以诵读诗书为乐。不久，苏威被授使持节、车骑大将军、仪同三司，封怀道县公。武帝时，拜御伯下大夫。苏威都称病不受。宣帝即位，拜开府仪同大将军。

杨坚辅政之后，高颎屡次向杨坚推荐苏威，称苏威有贤才，有其父之遗风。杨坚于是将苏威召入相府，在卧室中与苏威纵论天下大事，杨坚非常满意。一个月之后，苏威听说杨坚要代周自立，便离开相府逃归乡里。高颎请杨坚派人将苏威找回。杨坚说："苏威是不想参与我的事，别管他，由他去吧。"杨坚称帝后，拜苏威为太子少保。不久，又令苏威兼任门下省纳言、度支尚书。苏威上表推辞不就，杨坚对苏威说："舟大载重，马骏驰远。公有超人之才，就不必推辞了。"苏威于是接受任命。

高颎身居相位不久，向杨坚上表，要求让位于苏威。杨坚想成全高颎让贤之美，允许高颎辞去左仆射之职。几天之后，杨坚又改变主意，对朝臣说："苏威在周朝隐居不仕，高颎能推举苏威，我听说荐贤者受上赏，怎能让高颎辞官呢！"于是又令高颎复位。

苏威的父亲苏绰在西魏之时，因国用不足，所制定的征税之法颇为严苛。苏绰晚年曾叹息道："我今天所做的，犹如张弓，并非太平世道之法，后世君子，谁能松弛呢？"苏威听了之后，常以此为己任。因此，苏威为纳言之后，便向杨坚建议，请求减轻赋役，用法从轻，被杨坚采纳。苏威见宫中以银为幔钩，向杨坚陈述帝王应以节俭为美德，杨坚很感动，于是尽毁雕饰旧物。还有一次，杨坚盛怒之下，要将一人处死，苏威上殿切谏，杨坚更怒，要亲自杀死此人。苏威用身体挡住杨坚，不让杨坚杀人。杨坚躲开，又被苏威挡住。杨坚于是怒气冲冲，拂袖而回卧室。过了许久，杨坚召苏威上殿，对苏威敢于舍身犯颜直谏的刚直不阿精神很赞赏，说："你能如此，那我就无忧了。"于是赏赐苏威马两匹，钱十余万。杨坚不久令苏威兼大理卿、京兆尹、御史大夫。

治书御史梁毗上表弹劾苏威，认为苏威一人身兼五职，无举贤自代之心，有贪权恋位之嫌。杨坚不以为然，说："苏威朝夕勤政不怠，志向远大，举贤有缺，也不要逼迫和责怪他嘛！"杨坚又对苏威说："用之则行，舍之则隐，只有你和我才这样啊！"因此，杨坚对朝臣公卿说道："苏威不遇到我，没有地方实现其理想抱负；我不得到苏威，无法施行治国之道。杨素才辩无双，但是，至于斟酌古今治乱之道，帮助我宣扬教化，则比不上苏威。苏威如果遭到乱世，如同南山四皓（四皓：东园公、绮里季、夏黄公、角里先生，因遭秦之乱，隐居商山，皆须眉皓白，故称四皓。商山在长安之南，故称南山）一样，怎能屈就为官呢！"可见杨坚对苏威很了解，也很信任。因此，杨坚让高颎与苏威二人共同执掌朝政。

太子左庶子卢贲对高颎与苏威二人共掌朝政十分不满。柱国刘昉因被杨坚疏远，也心怀不满。卢贲于是与刘昉、上柱国元谐、李询及华州刺史张宾密谋废黜高颎、苏威，五人共同执政。又因为杨坚宠爱晋王杨广，卢贲等又谋废太子杨勇而立杨广，事情败露，杨坚严加追查，刘昉等诿罪于卢贲、张宾二人。公卿奏议二人当处死，杨坚因卢贲拥立有功，不忍心诛戮，于是将二人除名为民。

杨坚后来曾对群臣说："没有刘昉、郑译及卢贲、柳裘、皇甫绩等人，我当不成皇帝。然而这些人反复无常，当周宣帝时，因无赖阿谀得宠，宣帝病危，颜之仪等请求以宗室亲王辅政，这些人使用狡诈手段，让我辅政。而我得天下之后，这些人又要作乱。所以刘昉谋大逆于前，郑译搞巫蛊于后。如卢贲之徒，都不满足目前官职。任用他们，则不老老实实干事；不任用他们，又牢骚满腹，很难相信这些人。众人以为我对待功臣刻薄，实际并不是这样。"刘昉、郑译等人以功臣自恃，贪图权力和财富，又没有真才实学，因此杨坚不可能依靠他们来治理国家。这些人逐渐被疏远、罢免，有的后来被处死。

杨坚任用高颎、苏威二人执政，而高颎与苏威二人合作得很好，他们以安邦治国为己任，同心协力，政事无论大小，都同文帝杨坚共同谋划商议，然后推行。因此，隋朝建立不久，天下太平。高颎以国家大局为重，不计个人进退与得失，荐贤自让的品格值得称赞。

二、安邦治国

高颎执政之后，把主要精力放在制定各种制度上。隋朝是直接继承北周政权的，隋初许多制度也都是沿袭北周的。北周许多制度混乱，亟须重新厘定。因此，高颎在任尚书仆射兼纳言之后，主持和参与了许多制度的改革和创立。

首先，主持修订刑律。

北周的刑律既繁杂又严酷，杨坚辅政之初，为笼络人心，曾下诏革除宣帝酷政，删略旧律，制定《刑书要制》，颁布实行。杨坚即位之后，于开皇元年

（581）九月下诏令渤海郡公、尚书左仆射高颎，上柱国、沛公郑译以及杨素、常明、韩睿等人修订新的刑律。

不久，新刑律修订完毕。新刑律刑名分死、流、徒、杖、笞五种。死刑分绞和斩两种；流刑分流一千里、一千五百里、两千里三等，应当流配的，一千里居作（居作指犯人在流放场所罚做苦役）二年，一千五百里居作二年半，两千里居作三年；徒刑分一年、一年半、二年、二年半、三年五等；杖刑从五十到一百分五等；笞刑从十到五十分五等。

这次修订的刑律，比之北周的刑律有很大发展，废除了一些酷刑，流刑和徒刑也有所减轻。北周宇文泰时制定的刑律，死刑分磬、绞、斩、枭、裂五种。隋这次规定死刑只保留绞、斩两种，磬（即缢杀）、枭首、车裂被废除。北周刑律中还有鞭刑，自六十至一百，分五等，这次废除了鞭刑。北周的徒刑和流刑也比这次隋所修订的要重，如北周徒刑分五等，徒一年者，鞭六十，笞十；徒二年者，鞭七十，笞二十；徒三年者，鞭八十，笞三十；徒四年者，鞭九十，笞四十；徒五年者，鞭一百，笞五十。流刑也分五等，流卫服，离皇畿两千五百里，鞭一百，笞六十；流要服，去皇畿三千里，鞭一百，笞七十；流荒服，去皇畿三千五百里，鞭一百，笞八十；流镇服，去皇畿四千里，鞭一百，笞九十；流藩服，去皇畿四千五百里，鞭一百，笞一百。

这次修订的刑律，采用北齐之制，定十恶之条，即谋反、谋大逆、谋叛、恶逆、不道、大不敬、不孝、不睦、不义和内乱。犯十恶之罪及故意杀人罪，虽会大赦，仍除名。又规定大逆及谋反、谋叛者，父子兄弟皆斩，家口没官。而北周刑律中则没有十恶之条，只是重恶逆、不道、大不敬、不孝、不义、内乱之罪。

另外，为保护官僚和贵戚特权，又规定了八议之条。所谓八议即议亲、议故、议贤、议能、议功、议贵、议勤、议宾。凡在八议规定之内和七品以上官员犯罪，都减一等治罪。同时规定九品以上官员犯罪，可以赎刑。应赎者，以铜代绢。规定笞十者赎铜一斤，加至杖百为十斤；徒一年，赎铜二十斤，每等加铜十斤，三年则赎铜六十斤；流一千里赎铜八十斤，每等加铜十斤，两千里则赎铜一百斤；死刑赎铜一百二十斤。

刑律修订完毕，由高颎呈送给文帝杨坚，杨坚下诏颁行。

开皇三年（583），文帝杨坚察看刑部奏章，发现一年断狱犹至万条，认为律令还比较严苛，于是又敕令苏威、牛弘更订新律。这次在开皇元年刑律基础上修订成的刑律即《开皇律》。《开皇律》废除了以前规定的死罪八十一条，流罪一百五十四条，徒罪和笞杖等一千余条。《开皇律》共五百条，分名例、卫禁、职制、户婚、厩库、擅兴、贼盗、斗讼、诈伪、杂律、捕亡、断狱十二篇。

隋代所制定的《开皇律》，在中国古代法制史上具有积极的进步意义，它删除了许多酷刑，刑律条文简要，便于执行。隋代的法律多为后代所沿袭，对后世影响很大，《唐律》就是在《开皇律》基础上修订而成的。

其次，大索貌阅、输籍定样和统一货币。

隋初，为恢复和发展农业生产，继续推行北魏以来的均田制。规定每个成年男子（十八岁以上）受露田八十亩，桑田或麻田二十亩，为永业田。妇女受露田四十亩，奴婢同良人一样受用，耕牛一头受田八十亩，止限四牛。另外良人三口给园宅一亩，奴婢五口给田宅一亩。租调负担为：一对夫妇每年纳租粟三石，纳绢一匹加绵三两或麻布一端（五丈）加麻三斤，称为调。单丁及仆隶减半。成年男子一年为国家服役十二番（三十日）。开皇三年减每个成丁（二十一岁）服役二十天，调绢减半。

另外，隋朝还规定，自诸王以下至都督，皆给永业田。多者百顷，少者四十亩。京官给职分田，一品给田五顷，每品以五十亩递减，五品给田三顷，至九品为一顷。外官也各有职分田。同时官吏还给公廨田，以供公用。

隋初，逃避国家赋役负担现象非常严重。特别是原北齐地区，逃避服役者有十分之六七。另外许多人伪称年老或年幼，以求免交租赋，许多豪强大户拥有大量依附人口，也不据实申报。为解决这一问题，根据高颎建议，隋朝于开皇五年（586）实行大索貌阅和输籍定样两项措施。

开皇五年，杨坚首先下令重新编订乡党闾保组织。畿内（长安及直辖县），每五家为一保，设保长一人；五保为一闾，设闾正一人；四闾为一族，设族正。畿外，保上为里，里上为党，里正和党正分别相当闾正和族正。随后，令各州县大索貌阅。所谓大索貌阅，即阅其貌以验老小之实，清查户口。隋代规定，男女十岁以下为小，六十岁以上为老，老及小免除赋役负担。如申报不实，里正、保长等要流配远方，并且鼓励人们互相告发。同时规定堂兄弟以下，分居另立户头，防止相互容隐。大索貌阅增加了国家所掌握的人口，这一年就检查出四十四万三千名男丁，将一千六百四十一万一千五百口人编入户籍。

高颎认为，百姓承担赋税虽有一定标准，但每年经常征纳，而户口数又常有变化，加之官吏徇私舞弊，文账相互出入，没有定簿，不能按实征收，因此制定输籍定样法，即令各州县，每年正月五日，县令派人到附近地区，五党三党，共为一团，根据各户资产情况定出户等，然后将每户应纳赋税标准写成定簿，作为征收依据。这样，百姓不能随意逃税，而官吏也难以徇私随便增减。杨坚采纳了这一建议，从此，赋税征收有法可依，减少了弊端，也增加了财政收入。

开皇八年（588），高颎又向杨坚上奏称各州由于户口数有多有少，因此按州定赋税之额，造成户口数少的州负担过重，建议按各州县实际户口数来确定征税数额。这个建议被文帝采纳。

隋初，币制相当混乱。因为隋是继承北周政权的，而北周又灭北齐。周、齐币制不一，各自在不同地区流通。齐初用北魏永安（魏孝庄帝元子攸年号）五铢钱。迁都邺城以后，百姓私铸，名目繁多。高欢收境内之铜与钱，重新铸造，仍用五铢之名。北齐建立之后，废除永安五铢钱，改铸常平五铢钱，重五铢。常平五铢钱制造精良，因此也很贵。后来，往往有私铸，邺中用钱，有赤熟、青熟、细眉、赤生等不同样式。甚至有人用生铁与铜掺杂在一起私铸铜钱。北周武帝以前用魏钱，武帝保定元年（561）七月，重铸布泉之钱，以一当五，与五铢并行。而原梁、益之境，又杂用古钱交易。河西诸郡，又有人用西域金银之钱，官府并不禁止。建德三年（574），又铸五行大布钱，以一当十，与布泉钱并行。后来，因布泉之钱渐贱而百姓不用，下令废除布泉钱。平齐之后，原齐国地区仍用齐旧钱。宣帝大象元年（579），又铸永通万国钱，以一当十，与五行大布及五铢钱并行。

杨坚称帝之后，以天下钱币轻重不等，下令重铸新钱，钱体外圆内方，仍

名五铢钱，质量较好，大小、形状一致。重量也是每个五铢，每一千钱重四斤

二两。新钱铸成之后，百姓有私铸。开皇三年（583），杨坚下令于四面诸关，

各置百枚新钱，作为样钱。与样钱不同的钱，一律没收、销毁。新钱流通之

后，前代旧钱如五行大布、永通万国及齐常平五铢等严禁使用。有不禁者，县

令罚禄半年。

货币的统一，有利于工商业的发展。

再次，整顿地方机构。

隋初，地方行政机构仍沿用北周的规定，分州、郡、县三级。据大象元年

（580）的统计，北周共二百一十一州，五百零八郡，一千一百二十四县。隋初

人口少，郡县多，官吏也多，国家财政支出巨大。开皇三年（583），河南道行

台兵部尚书杨尚希针对这种现象上表文帝，主张整顿地方机构。杨尚希说："自

秦并天下，废诸侯而设令守，汉、魏及晋，邦邑屡改。窃见当今郡县之数，多

于古代数倍。有的地无百里，数县并置，有的户数不足一千，二郡分领。属僚

众多，耗资日多，吏卒倍增，租调岁减。现在正是所谓民少而官多，十羊而九

牧。琴有更张之义，瑟无胶柱之理。今天应存要去闲，并小为大，国家则不亏

粟帛，选举则易得贤才。"当时苏威也上奏，要求废郡，变为州、县两级制。

李德林则反对苏威主张。李德林对苏威说："修法之时，你为何不请废郡以为

便利。现在法令才出，怎么可以更改呢？"李德林认为不应朝令夕改。但高颎支持苏威的主张。

于是，杨坚下诏废郡为州，自此，隋代地方行政机构由州、郡、县三级变为州、县二级。隋代地方机构的改革，不仅裁掉了一批冗员，节省了国家财政开支，而且有利于政令的推行，提高了行政效率。

最后，监造新都。

开皇二年（582）六月，高颎受命监造新都。

文帝杨坚即位之后，一直住在北周旧都长安城。长安城历经数百年（汉高祖刘邦于公元前202年迁都长安，惠帝元年即公元前194年，长安城修建完成），已破败不堪。杨坚嫌长安宫城规模狭小，又屡言宫内多妖异，实际上已有迁都之心，但杨坚又不好自己开口。因为杨坚以外戚辅政进而废周自立，遭到许多人反对。为了收买人心，树立自己威望，杨坚称帝以后便薄赋役、省刑罚、施惠政，同时又以节俭示天下。自己每天早晨上朝听政，勤勉不怠，居处服玩，务存节俭。不衣绫绮，常服多用布帛。无金玉之饰，装带等以铜铁骨角做成。一次关中发生饥荒，杨坚派人察看百姓所食。使者回奏百姓以豆屑、杂糠为食，杨坚流泪以示群臣，自己引咎自责，一年不吃酒肉。

纳言苏威很明白杨坚心意，便劝杨坚另建新都。杨坚将高颎找来，与苏威三人一起于夜晚讨论商议建都之事。杨坚认为自己刚当皇帝，天下尚未太平安稳，表示很为难。第二天早上，善于逢迎的庾季才便上奏，以天象理论劝杨坚迁都。庾季才说："臣仰观天象，俯察图记，龟兆很明显地表明必有迁都之事。况且尧都平阳，舜都冀土，可知帝王定都，历代不同。而且自西汉建造此城以来，至今将近八百年，井水碱卤，已不能饮用。希望陛下合天人之心，早为迁都之计。"杨坚听后十分惊讶，因为昨天晚上商量营建新都，除了高颎、苏威之外，别人都不知道，而早上庾季才就劝杨坚迁都，便对高颎等人说："庾季才可真神啊！"杨坚又对庾季才说："朕从今以后，开始相信有天道了。"

当时太师李穆也上表请杨坚迁都。李穆从历史上各个朝代定都、迁都的历史事实来论证杨坚迁都的合理性。李穆称，帝王所居，随时兴废。自三皇至两汉，有的朝代就屡次迁都（商朝），无革命（即朝代更替）而不迁。曹魏、西晋都洛阳，北魏、北周都长安。而杨坚内剪群凶，外诛巨猾，很快肃清天下，变大乱之民，而成太平之世，功德无量，另建新都完全应该。何况以神州之广，福地之多，为皇家兴庙建寝，上天也会同意。希望杨坚远顺天人，取决卜筮，改建都邑。杨坚看了之后，很是高兴。他对别人说："天道聪明，已有征兆（庾季才上奏），太师又上表固请，那么可以迁都了。"杨坚找到了营建新都的理由，于是以天道人望不可违为由下诏营建新都。杨坚选择山川秀丽的龙首山作为新都之址。任命尚书左仆射高颎为营建新都大监，宇文恺为副监。

龙首山位于长安旧城西北，长六十里，首入渭水，尾达樊川，地势平坦开阔。相传有黑龙从南山出来饮水于渭水，后来龙头变成了龙首山。营建工作由高颎总揽大纲，许多制度出于高颎之议。具体规划设计由宇文恺负责。宇文恺为宇文忻之弟，自幼好学，博览群书，为人有巧思，多技艺。因此被杨坚任命为营建新都副监。年底，新都修建完毕。杨坚因为自己最早封爵为大兴郡公，所以将新都命名为大兴城，皇宫称大兴宫，主要的宫殿也称大兴殿。开皇三年（583）三月，杨坚迁入大兴城。

高颎作为宰相，当朝执政近二十年，主持制定和推行的制度、政策，兴办的事业很多。由于高颎文集未保存下来，资料缺乏，有许多事不为后人所知。《隋书·高颎传》称高颎"立功立事者，不可胜数"，"所有奇策密谋及损益时政，颎皆削稿，世无知者"。

三、北击突厥

隋初，突厥经常南下，侵入内地劫掠，成为隋朝最大的威胁。杨坚在内部稳定之后，便对突厥用兵。高颎亲自领兵出击，为巩固北方边境安宁作出了贡献。

突厥，是我国古代北方游牧民族匈奴的别支，姓阿史那氏。北魏太武帝拓跋焘灭沮渠氏时，阿史那氏五百家投奔柔然，从此居住在金山（今阿尔泰山）一带。金山形似兜鍪，当地语言称兜鍪为突厥，于是阿史那氏便以突厥作为自己的族称。突厥人以狼为图腾，这与突厥起源的传说有关。

传说古时候，突厥人部落为邻国所灭，男女老少尽被斩杀，只有一个十岁的小男孩，因为不忍将他杀死，便砍断双脚抛弃在草泽之中。一只母狼发现之后，将他喂养长大。后来他与母狼交合，母狼于是有孕。邻国国王听说当年的小男孩还活着，派人来杀他，当时母狼也在一旁，来人想将他同母狼一起杀死，母狼于是逃到高昌国的北山。山上有一大洞穴，里面很大，周围数百里，地势平坦，野草丛生。母狼在洞中生育十子。十个男孩长大后，各娶邻近部落女子为妻，各有姓氏，阿史那即是其中之一。阿史那子孙繁衍，多至数百家。后来有一个叫阿贤设的人，率五百家走出洞穴，投奔柔然，世代臣服于柔然人，为柔然人做铁工。突厥的牙门建有狼头纛，以示不忘本。

北魏末年，突厥开始逐渐强大。突厥首领土门曾派人到塞上买缯絮，开始和内地进行商业贸易。西魏大统十年（544），宇文泰派人出使突厥，受到土门的欢迎。突厥人相互庆祝，他们说，今天大国使节来到，突厥将会兴盛起来。第二年，土门派使者到西魏贡献方物。土门又率众攻铁勒，铁勒五万人降服突厥。土门派使者向柔然可汗阿那瓌求婚，阿那瓌派人大骂土门，说："你是我的锻奴，竟敢说这种话！"土门于是斩杀来使，向西魏求婚。大统十七年（551），魏以长乐公主嫁土门。大统十八年（552），土门率兵反抗柔然，在怀荒大败柔然，阿那瓌自杀。土门战胜柔然后，自称伊利可汗。伊利可汗死后，其子科罗即位，号乙息记可汗。科罗死，其弟俟斤即位，号木杆可汗（《周书·突厥传》称木汗可汗）。

木杆可汗性情刚毅残暴，专务征伐。他率兵灭掉柔然残部，东驱契丹，北吞契骨，威震塞外，"其地东自辽海以西，西至西海万里，南自沙漠以北，北至北海五六千里"，"弯弓数十万，别处于代、阴，南向以临周、齐"。

突厥人过着游牧生活，"其俗以畜牧为事，随逐水草，不恒厥处。穹庐毡帐，被发左衽，食肉饮酪，身衣裘褐，贱老贵壮"。突厥已进入阶级社会，有了刑法和官僚制度。突厥官职有叶护、特勤、俟利发、吐屯发等二十八级，都是世袭的。兵器有弓矢鸣镝甲矟刀剑，侍卫之士称为附离。"其刑法，反叛、杀人及奸人之妇、盗马绊者，皆死；奸人女者，重责财物，即以其女妻之；斗伤人者，随轻重输物；盗马及杂物者，各十余倍征之。"突厥人初无文字，"征发兵马，科税杂畜，辄刻木为数，以为信契"。后来创立了自己的文字，"其书字类胡，而不知年历，唯以草青为记"。

突厥和西魏最早通使往来，因此与西魏、北周关系比较密切。木杆可汗曾想将女儿嫁给宇文泰，未等议妥，宇文泰死。武帝即位后，木杆可汗又将另外一女儿嫁给武帝宇文邕，即阿史那皇后。北周为了与北齐抗衡，极力拉拢突厥，与突厥和亲，作为外援。北周每年送给突厥缯絮锦彩十万段，突厥在京师人员有数千人，待之以优礼，衣锦食肉。北齐惧怕突厥攻略，也倾其府藏，向突厥纳贡。木杆可汗死后，其弟佗钵可汗即位。佗钵可汗曾对其臣僚说："只要我在南方的两个儿子（指北周、北齐皇帝）孝顺，何愁没有财物呢？"佗钵因此更加骄横。

武帝时，木杆可汗俟斤曾派兵与北周联合攻齐。武帝灭齐后，齐定州刺史、范阳王高绍义自马邑投奔突厥，佗钵立高绍义为齐帝。宣政元年（578），佗钵以为齐报仇为名，率军南犯幽州。柱国刘雄拼死抵抗，兵败而亡。这年冬天，佗钵又进犯酒泉，大掠而归。大象元年（579），佗钵又请求与北周和亲，第二年，北周以赵王宇文招之女千金公主嫁给佗钵可汗侄子摄图。

开皇元年（581），佗钵可汗死。佗钵临死前对其儿子庵罗说："我听说亲莫过于父子，我的兄长（木杆可汗俟斤）不亲其子（大逻便），而将汗位让给我，我死后，你应当避开大逻便。"佗钵死后，突厥贵族按佗钵遗嘱，准备立木杆可汗之子大逻便为可汗。这时摄图赶来，对大臣和贵族们说："如果立庵罗为汗，我当率兄弟及部众听从庵罗；如果立大逻便，我就要守卫边境，以利刃长矛来相见。"佗钵即位之后以摄图为尔伏可汗，统领东部，势力强大，突厥贵族惧怕摄图，于是立庵罗为可汗。大逻便心怀不满，不服庵罗，还常派人辱骂庵罗，庵罗控制不住局势，便让位于摄图，摄图即位之后，号伊利俱庐设莫何始波罗可汗，又名沙钵略可汗。庵罗居独洛水，称第二可汗。大逻便向沙钵略请求封汗，他说："我与你都是可汗之子，各承父业。你现在位居极尊，我却偏偏无位，这是为什么？"于是沙钵略封大逻便为阿波可汗，领其部众，居于阿尔泰以东。沙钵略又封其叔父玷厥为达头可汗，居于乌孙故地（伊犁河上游）。沙钵略建牙帐于都斤山（今蒙古国境内），统率突厥各部。

杨坚建立隋朝之后，因未向突厥纳贡，沙钵略大为不满。沙钵略之妻、赵王宇文招之女千金公主闻知杨坚篡周，父兄被杀，日夜向沙钵略哭诉，要求沙钵略为其报仇。沙钵略便召集大臣，对他们说："我乃周朝皇室之亲戚，现在杨坚废周自立而我又不能制止，有何面目见可贺敦（突厥称可汗之妻为可贺敦）呢？"于是便以为周报仇之名，集结大军南下攻隋。这年十二月，原北齐营州刺史高宝宁起兵反隋，于是突厥与高宝宁联合，攻陷临榆关（今河北山海关）。杨坚下令沿边修筑长城以抵御突厥，命上柱国阴寿镇幽州，京兆尹虞庆则镇并州，屯兵数万以备突厥。

奉车都尉长孙晟当初曾护送千金公主入突厥，见突厥入寇，便向文帝杨坚献制伏突厥之策。

长孙晟，字季晟，自幼就喜欢刀枪棍棒，长大以后矫捷勇猛，擅长骑射。当时北周鲜卑宇文氏崇尚习武，贵族子弟竞相以武艺夸耀。长孙晟在比赛中常常获胜。十八岁时任周司卫上士。武帝宇文邕很欣赏长孙晟，曾拉着他的手对别人说："长孙郎武艺超群，刚才与他交谈，发现他又有奇谋远略。后来的名将，大概就是他了。"宣帝时，突厥向周求婚，宣帝册封赵王宇文招之女为千金公主，准备嫁给突厥首领。大象二年（580），杨坚任命汝南公宇文神庆与长孙晟为正副使，护送千金公主赴突厥。

摄图见长孙晟武艺超群，很喜欢他，常与他一起游猎。一次，摄图见空中两只雕在争食，便递给长孙晟两支箭，长孙晟瞅准机会，弯弓搭箭，两只雕应声而落。摄图见长孙晟一箭双雕，大为叹服，便让其子与长孙晟学射箭。沙钵略弟弟处罗侯，号突利设，为沙钵略所忌恨，于是派心腹找到长孙晟，与长孙晟结盟，以便利用隋与沙钵略抗衡。长孙晟与处罗侯一起游玩射猎，因而遍察突厥境内山川地势，了解突厥内部矛盾。长孙晟在突厥停留一年后返回隋朝。

长孙晟向杨坚上奏，他认为，现在诸夏未安，兴师讨伐还不是时候。突厥摄图、玷厥、阿波和突利设等叔侄各统兵马，都号称可汗，分居四面，内怀猜忌，外示和同，难以力征，易可离间。长孙晟进一步分析说：玷厥与摄图相比，兵强而位低，外面托名相属，内部裂痕已明显，如果进行离间，一定发生内战。处罗侯是摄图之弟，奸多而势弱，深得众心，国人爱戴，为摄图所忌，其心不安。阿波可汗首鼠两端，介在摄图和处罗侯之间，颇畏摄图，受其牵制，唯强是与，未有定心。因此，当前的策略是远交而近攻，离强而合弱，派人出使玷厥，说合阿波，拉拢处罗侯，孤立摄图。再遣使与库莫奚、霫联合，牵制摄图的左翼。这样十几年后，再乘机出兵，一举可灭突厥。

杨坚对长孙晟的计策很赞赏，于是派太仆元晖出伊道，到达头可汗牙帐，赐达头可汗狼头纛。达头可汗使者来长安，杨坚故意将其位次排在摄图使者之上，以拉拢达头，离间达头与摄图关系。杨坚又任命长孙晟为车骑将军，出黄龙道，出使奚、霫，赐给金币。奚、霫派使者做向导，带领长孙晟到达处罗侯处，劝处罗侯归附隋朝。

开皇二年（582）四月，沙钵略可汗摄图率四十万大军南下。杨坚令上柱国冯昱屯兵乙弗泊，兰州总管叱列长叉守临洮，上柱国李崇守幽州，达奚长儒守周盘。突厥沿长城一线东进，连破乙弗泊、临洮、周盘和幽州等地隋军。第三年，突厥又攻入武威、天水、安定、金城、上郡、弘化、延安，将人畜掳掠一空而归。沙钵略还想进一步南侵，但因达头可汗玷厥不从，率部众北归。长孙晟又乘机向沙钵略之子染干说："铁勒造反，想要袭击突厥牙帐。"摄图于是率军返回北方。

杨坚经过一段时间准备，决定对突厥进行大反攻。开皇三年（583）四月，杨坚下诏讨伐突厥："往者魏道衰敝，祸道相寻，周、齐抗衡，分割诸夏。突厥之虏，俱通二国。周人东虑，恐齐好之深，齐氏西虞，惧周交之厚。谓虏意轻重，国逐安危，非徒并有大敌之忧，思减一边之防。竭生民之力，供其来往，倾府库之财，弃于沙漠，华夏之地，实为劳扰。犹复劫剥烽戍，杀害吏民，无岁日而不有也。恶积祸盈，非止今日。朕受天明命，子育万方，悯臣下之劳，除既往之弊。以为厚敛兆庶，多惠豺狼，未尝感恩，资而为贼，违天地之意，非帝王之道。节之以乱，不为虚费，省徭薄赋，国用有余。因入贼之物，加赐将士，息道路之民，务于耕织，清边制胜，戍策在心。凶丑愚暗，未知深旨，将大定之日，比战国之时，乘昔世之骄，结今时之恨。近者尽其巢窟，俱犯北边，朕分置军旅，所在邀截，望其深入，一举灭之。而远镇偏师，逢而摧翦，未及南上，遽已奔北。诸将今行，义兼含育，有降者纳，有违者死。异域殊方，被其拥抑，放听复旧。广辟边境，严治关塞，使其不敢南望，永服威刑。卧鼓息烽，暂劳终逸，制御夷狄，义在斯乎！"

于是杨坚任命卫王杨爽为元帅，河间王杨弘，上柱国豆庐勋，上柱国、秦州总管窦荣定，左仆射高颎，内史监虞庆则为行军元帅，率各总管，分八道出击。

卫王杨爽亲自率行军总管李充等四将出朔州（今山西朔县），在白道（在今长城以北，内蒙古呼和浩特西北）与率军南下的沙钵略相遇。隋军将领见突厥兵强马壮，有些畏惧。行军总管李充对杨爽说："周、齐之时，如同战国，中夏力分，突厥每次侵犯，诸将为保存实力，所以不肯死战。突厥因此胜多败少，所以轻视中原之师。现在沙钵略悉发国内之兵，屯据险要之地，一定轻敌而没有防备，如果派精兵袭击，一定能取胜。"当时诸将半信半疑，只有元帅长史李彻赞同。于是杨爽派李充率五千精兵，乘敌不备，发动猛攻，大败突厥，沙钵略丢弃金甲，潜伏在草丛中，才得以逃生。沙钵略军中无粮，加之疫病流行，死伤甚众。

幽州总管阴寿率步骑十万出卢龙塞攻营州（今辽宁朝阳）高宝宁，高宝宁向突厥求援，而突厥正与隋军交战，无暇顾及，无法派兵支援。高宝宁弃城北逃，投奔契丹，为部下所杀。

五月，行军总管李晃在摩那度口大破突厥。秦州总管窦荣定率九总管步骑三万出凉州（今甘肃武威），在高越原（武威西北）与阿波可汗相遇，突厥屡败。长孙晟在窦荣定军中，乘阿波屡败之际，派使者对阿波可汗说："摄图每次进犯，都大获全胜。阿波可汗才来，就被打败，这是突厥之耻辱，难道不内愧吗？况且摄图与阿波兵势相当，今摄图屡胜，被众人推崇，阿波战事不利，为国添辱。摄图必归罪于阿波，乘机灭你牙帐。希望阿波可汗考虑，能否与摄图抗衡。"阿波可汗于是派使者随长孙晟入长安。

八月，高颎出宁州道（今甘肃宁县），内史监虞庆则出原州道（今宁夏固原），杨弘率军从灵州（今宁夏灵武）分道北进，合击突厥。突厥经过这次打击，势力受到严重削弱，加之隋朝使用离间之计，突厥发生内讧。

沙钵略败归之后，闻知阿波可汗与隋议和，气愤已极，率兵攻阿波牙帐，杀阿波之母。阿波返回之后，发现牙帐被毁，无处可依，便西奔达头可汗。达头闻知沙钵略杀阿波之母，又毁其牙帐，于是大怒，派阿波率十万大军攻沙钵略，沙钵略被打败。阿波收复其故地，兵势复强。贪汗可汗与阿波可汗平素友好，因沙钵略夺其部众，废其可汗称号，也投奔达头可汗。另外沙钵略从弟因与沙钵略有隙，率领部众投归阿波可汗。

沙钵略与阿波等连年争战不已，各派使者到长安，请求隋发兵支援，杨坚不许。

开皇四年（584）二月，达头可汗请降于隋。十月，沙钵略可汗因多次被隋打败，又遭阿波袭击，众叛亲离，于是请求与隋和亲。千金公主请求改姓杨氏，杨坚派开府仪同三司徐平和出使突厥，重封千金公主为大义公主。开皇五年（585），沙钵略因为达头可汗所困，又东畏契丹侵逼，遣使向隋告急，请求率部众越过沙漠，寄居白道川。杨坚准其所请，并派晋王杨广率兵支援沙钵略。沙钵略于是又率兵击阿波可汗。阿波可汗打败沙钵略之后，势力又强盛起来，东拒都斤山，西越金山、龟兹、铁勒、伊吾及西域诸国都归附阿波可汗。阿波可汗所统突厥号称西突厥。沙钵略在隋军支援之下，大败阿波可汗，并将其擒获。阿拔国乘机攻略沙钵略牙帐，掠走其妻子儿女。隋军击败阿拔国，将所获全部交给沙钵略。沙钵略十分高兴，于是与隋立约，以碛为界，并上表杨坚，表示以后永为藩附。

这样，隋朝经过军事打击和分化瓦解，终于使突厥归附，为隋灭陈解除了后顾之忧。

高颎领兵击突厥凯旋，受到杨坚嘉奖。杨坚赐高颎马百余匹，牛羊数千。杨坚对高颎更加敬重。高颎常坐朝堂北槐树下听事，而这棵树不在行列之内，显得不整齐。有人要将此树砍伐。杨坚特意命令将此树保留，以示后人。杨坚常称高颎为独孤，不称本名高颎，以表明其关系密切，非同一般。

第四章 指挥灭陈，实现统一

一、首次出征

581年，杨坚代周自立，建立隋朝。这时隋朝继承北周的疆域，南至长江以北，东至长城以南，西至四川，北至大海。长城以北为突厥控制，长江以南由陈朝统治，另外江陵还有一个隋的附庸——后梁。隋朝这时只有一千一百二十四个县，人口也只有八百三十万户。杨坚即位之后便雄心勃勃，准备一举灭掉南陈，完成国家统一大业。

杨坚即位一个月之后，即开皇元年（581）三月，便任命其次子晋王杨广为并州总管，坐镇晋阳（今山西太原）以防备突厥，任命开府仪同三司贺若弼为吴州总管，坐镇广陵（今江苏扬州），任命和州刺史韩擒虎为庐州总管，坐镇庐州（今安徽合肥）。杨坚将吴州和庐州作为进军江南的前哨。

杨坚之所以选中贺若弼和韩擒虎来坐镇前线，是因为高颎的推荐。杨坚既有吞并江南之志，便向高颎询问哪些人可以担任平陈将领。当时高颎回答："朝廷大臣之中，文武才干，没人能赶上贺若弼。"同时高颎推举韩擒虎。

贺若弼，字辅伯，河南洛阳人，出身于将门之家。其父贺敦，为北周金州总管，以刚直勇猛著称于世。宇文护执政时，因刚正不阿得罪宇文护而被杀害。临死前，贺敦对贺若弼喊道："我立志要平定江南，可惜现在这个志向不能实现，你要继承我的遗志。我因言而获罪，你要记住这个教训。"贺若弼少时胸怀大志，为人慷慨大度，从小就练习刀枪骑射，准备长大后从军立功。贺若弼除苦练武艺外，还喜欢读书，为人博闻强记，遍览群书。因此年轻时，贺若弼就以文武双全而闻名。北周齐王宇文宪将贺若弼招至齐王府，让他担任记室。不久封当亭县公，迁小内史。武帝时，上柱国王轨曾对武帝说："太子（宇文赟）不具备当帝王的素质。我和贺若弼曾经在一起谈论过，他也这样认为。"武帝于是将贺若弼找来，询问此事。贺若弼知道太子已立，不能被废，如果说太子坏话，将来一定会遭到杀身之祸。于是贺若弼违心地对武帝说："皇太子德业日新，没有发现什么过失。"武帝没有说什么。退朝之后，王轨责怪贺若弼背叛自己，没讲实话。贺若弼对王轨说："做国君的言语不谨慎会失去大臣，做大臣的言语不谨慎就会丢掉性命。所以我不敢轻易发表议论。"贺若弼牢记了父亲的遗嘱，贺敦临死前曾用锥子将他的舌头扎出血，告诫他以后说话慎重。

太子宇文赟因为王轨屡次向武帝说自己坏话而怀恨在心，即位之后，便将王轨杀掉以泄私愤，而贺若弼却没受牵连。不久，贺若弼跟随韦孝宽伐陈，攻克数十座城池，韦孝宽大多数采纳贺若弼计策。贺若弼因功授寿州刺史，封襄邑县公。杨坚辅政，尉迟迥在邺城起兵反叛。杨坚怕贺若弼有变，便派长孙平代替贺若弼为寿州刺史，将贺若弼征召回长安。贺若弼被杨坚任命为吴州总管后，便以平陈为己任。他给寿州总管源雄写了一首诗："交河骠骑幕，合浦伏波营。勿使麒麟上，无我二人名。"意思是吴州和寿州都是前线重镇，我们一定要好好干，争取在功名册上写上我们二人名字。贺若弼还向杨坚献取陈十策，杨坚见了之后连声称赞，赐给贺若弼一把宝刀。贺若弼在吴州为灭陈积极做好各种准备工作。开皇九年（589）大举伐陈时，贺若弼被任命为行军总管。

韩擒虎，字子通，河南东垣人，后迁到新安。其父韩雄，北周时任大将军，洛、虞等八州刺史，以刚直勇猛闻名。韩擒虎少年时为人慷慨大度，胆识谋略超人，长得英俊魁梧。自幼喜欢读书，经史诸子著作都通读过。周太祖宇文泰见韩擒虎气宇不凡，很喜欢他，让他与几个儿子一起游玩。韩擒虎后从军，因功拜都督、新安太守。不久又授仪同三司，袭父爵为新义郡公。后跟随武帝参加灭齐作战。当时北齐大将独孤永业守金墉，韩擒虎独自一人前往城下，劝降永业，随后率军攻下范阳。平齐之后，被授永州刺史，加上仪同三司。后陈人进攻光州，韩擒虎为行军总管，率军将陈军击退。不久又跟随宇文忻平定合州。杨坚为丞相，任韩擒虎为合州刺史。司马消难举兵反叛，勾结陈朝联合出兵，陈将甄庆、任蛮奴、萧摩诃等袭击江北，都被韩擒虎击退。韩擒虎有文武才干，高颎因此推荐给文帝杨坚。后来大举灭陈之时，韩擒虎被任命为行军总管，作为先锋。

开皇元年（581）八月，杨坚任命尚书左仆射高颎为元帅，上柱国长孙览和元景山为行军元帅，准备伐陈。杨坚此次伐陈，规模不是很大，用意在于做试探性进攻，为以后大举伐陈积累经验。

元景山，河南洛阳人，其祖先为鲜卑拓跋氏。孝文帝改革时，实行汉化政策，改鲜卑姓为汉姓，皇室拓跋氏改为元姓。元景山祖父元燮，为魏安定王，父亲元琰，为宋安王。景山少时就有才干和度量，谋略过人。周闵帝时，跟从大司马贺兰祥击吐谷浑，因功授抚军将军，封文昌县公。北周与北齐在北邙山大战，元景山作战英勇，歼敌颇多，因功加开府，升任建州刺史，改封宋安郡公。后跟随武帝灭齐，立有战功，授大将军，改封平原郡公，食邑两千户，赐女乐一部，帛六千匹，奴婢二百五十口，牛羊数千头。宣帝即位后，跟随韦孝宽经略淮南。郧州总管宇文亮图谋不轨，以轻兵袭击韦孝宽，韦孝宽猝不及防，队伍尚未整齐，情况万分危急。元景山率铁骑三百出击，大破敌军，斩宇文亮。元景山以功拜亳州总管。杨坚为相，尉迟迥反叛时，荥州刺史宇文胄与尉迟迥同谋，派人给元景山送信，劝元景山起兵响应。元景山将使者捆绑起来，连同书信一起押送杨坚相府。杨坚嘉奖了元景山，元景山晋位为上大将军。

元景山被授为行军元帅后，率行军总管韩延、吕哲出汉口，派上开府邓孝儒为先锋，领精兵四千攻陈国的甄山镇。陈派陆纶率水师前来增援，结果陈军被打败。元景山又派兵攻涢口，陈将鲁达、陈纪溃逃。元景山在攻克甄山、沌阳二镇后，准备渡江，这时接到班师命令。

长孙览，字休因，河南洛阳人。祖父长孙稚，为魏太师、假黄钺，封上党文宣王。父亲长孙绍远，为周小宗伯、上党郡公。长孙览性情恬静文雅，遍览诗书典籍，又通晓钟律。明帝时，长孙览任大都督。武帝当初为藩王时就与长孙览相识，二人交情很好。武帝即位后，拜长孙览为车骑大将军。公卿上奏，必令长孙览代读。长孙览能言善辩，声音又洪亮，宣读诏书时百官都抬头注视他。武帝也很敬重他，长孙览原名长孙善，武帝对长孙善说："朕以万机委卿先览。"于是赐名览。长孙览成为武帝亲信，帮助武帝除掉宇文护，因功封为薛国公。长孙览又跟随武帝平齐，晋位柱国，宣帝时又晋位上柱国、大司徒，历任同、泾二州刺史。杨坚辅政后，转任宜州刺史。

长孙览被杨坚任命为东南道行军元帅后，统领八总管，自寿阳出发，水陆并进，很快进逼长江。

正在伐陈进展顺利之时，突厥联合高宝宁攻陷临榆关（今河北山海关），朝野震动。恰巧这时陈宣帝病死，开皇二年（582）二月，高颎以礼不伐丧为名，下令撤军。

这次伐陈，暴露出隋朝在战略和策略上的失误。隋朝所面临的最大威胁是北方的突厥，而不是南陈。突厥这时势力已强大起来，经常南下入侵、掳掠。如果继续伐陈，就会面临两面作战的问题。而南陈国势弱小，对隋朝构不成大的威胁。隋朝刚刚建立，国内还不太稳定，经济和军事实力还不强，无力对突厥和南陈同时作战。高颎和杨坚经过这次伐陈，认识到了这个问题，于是调整策略，先击败突厥然后再灭陈，由先弱后强变为先强后弱，这样就可以解除灭陈的后顾之忧。于是开皇三年（583）杨坚任命杨爽为元帅，率高颎等八面出击，打败了突厥，迫使突厥臣服隋朝。

二、献平陈之计

在平定突厥之后，灭陈问题又提上议事日程。杨坚吸取上次教训，对灭陈采取了慎重态度。首先是广泛征求灭陈建议。

杨坚向高颎询问平陈之计，高颎回答说："长江以北地区气候寒冷，庄稼成熟收割较晚，而江南气候炎热，又多是水田，种植水稻，收获较早。等到南方收获时节，我们调集人马，声称南伐，陈国必然要调兵防守，这样可以耽误他们收割。等他们军队动员起来后，我们就收兵。反复这样搞几年，他们习以为常，丧失了警惕性，这时我们调集部队，乘他们犹豫之时，立即渡江登陆作战，就会士气大振，一鼓作气，取得胜利。另外，江南土地贫瘠，房屋都是用竹子和茅草搭成，所有积蓄都不是像我们北方这样藏在窑中。我们可以秘密派出人员到敌方，顺风放火，烧毁他们的房屋，等他们修好后再派人放火烧，不出几年，他们的财力和物力就会耗尽。"高颎的策略是从长计议，不急于求成，首先麻痹敌人，使其丧失警惕，同时通过骚扰活动破坏敌人经济，消耗其物力，然后乘其不备，一举出兵灭之。杨坚听后，点头称是，果然下令按高颎所说去做。

当时朝廷大臣和地方大吏争相献平陈之策。杨素、贺若弼、光州刺史高励、虢州刺史崔仲方等各自上书，提出自己的策略。崔仲方在上书中说："天时不如地利，地利不如人和。现在隋朝皇上圣明，百姓善良，兵强国富，而陈国皇帝昏庸，百姓怨声载道，陈国除长江之外没有什么险要可守，而军队人数又少。现在只要在武昌以下的蕲（今湖北蕲春）、和（今安徽和县）、滁（今安

徽滁州）、方（今江苏六合）、吴（今江苏扬州）、海（今江苏连云港）等州，

部署精兵，安营扎寨，在长江上游的益（今四川成都）、信（今四川奉节）、襄

（今湖北襄阳）、荆（今湖北江陵）、郢（今湖北钟祥）等州多造战船，作为水

战之用。蜀、汉两江，地处长江上游和中游，为水陆要冲，兵家必争之地。陈

国虽然在上游的流头、荆门、延州、公安、巴陵、蕲口等处备有船只，但终究

要聚集到汉口、峡口进行水上决战。如果陈国认为我们在上游有军队，派精兵

来攻打，我们下游的各位将领便乘机渡江。如果敌人按兵不动，固守防线，我

们上游的部队便顺江而下。陈虽有九江、五湖之险，但无德不能固守，虽有三

关、百越之兵，没有恩惠施于下，也不能取胜。"崔仲方的策略是中上游和下

游互相配合，以水战突破敌方长江防线。杨坚见了之后非常高兴，将崔仲方征

召入朝，赐给御袍御裤，杂彩五百段。大举伐陈时，崔仲方被任命为行军总

管。杨坚采纳了崔仲方的具体战略部署，开皇五年（585），任命杨素为信州总

管，准备舟师。

杨素，字处道，弘农华阴（今陕西华阴）人，出身于官宦世家。祖父杨暄

为魏辅国将军、谏议大夫。父亲杨敷为北周汾州刺史，在齐军进攻中，城陷而

身死。杨素少年时代就胸怀大志，为人风流倜傥，不拘小节。与安定人牛弘志

同道合，在一起研读文史典籍，写得一手好文章。杨素还擅长书法，专攻隶书

和草书。北周大冢宰宇文护将杨素引入府中为记室。后转礼曹，加大都督。当时武帝亲总万机，杨素因其父守节而死，没有受到朝廷表彰，上书申理，武帝未答应。于是又再三上书请求，武帝大怒，命左右将杨素斩首。杨素在朝廷上大声喊道："我侍奉无道天子，死了正好。"武帝欣赏他的豪言壮语和视死如归的气概，于是追赠杨敷为大将军，追谥忠壮。授杨素为车骑大将军、仪同三司。武帝让杨素代写诏书，杨素挥笔即成，词美义通，武帝很欣赏杨素，对杨素说："你努力干吧，不用担心不会富贵。"杨素却不领情，随口答道："我只怕富贵来逼我，我无心贪图富贵。"武帝伐齐时，杨素要求率其部下为先锋，武帝同意，并将竹策赐给杨素。杨素跟随宇文宪出击，在河阴与齐军大战。

杨素因功封为清河县公，食邑五百户，同年又被授予司城大夫。第二年（576），杨素又跟随宇文宪参加灭齐战役，攻打晋州（今山西临汾）。齐王宇文宪屯兵鸡栖原，齐军主力部队赶来增援，宇文宪害怕，连夜逃走，被齐兵追赶，部队被打散，杨素与十余骁将奋力苦战，才使宇文宪脱险。平齐后，杨素加上开府，改封成安县公，食邑一千五百户。宣帝即位后，杨素跟随韦孝宽攻陈，率军攻克盱眙、钟离。

杨坚辅政后，杨素积极投靠杨坚。杨坚也很器重他，任命杨素为汴州刺史，行至洛阳，尉迟迥叛乱，荥州刺史宇文胄据武牢响应。杨素被任命为大将军，率河内兵击宇文胄，大破宇文胄军。杨坚封杨素为清河郡公，晋位柱国，食邑一千户，授徐州总管。杨坚称帝后，加上柱国。开皇四年（584），拜御史大夫。杨素妻子郑氏性情蛮横，经常对杨素发脾气，杨素只好忍受。有一次，郑氏又对杨素发火，杨素非常生气，对郑氏说了一句："我如果当皇帝，你一定不能立为皇后。"郑氏将此话奏给皇帝，杨素被免官。

杨坚要平定江南，高颎向杨坚推荐文武双全的杨素，于是杨坚重新起用杨素，任命他为信州总管。杨素向文帝杨坚上平陈之策，文帝赐杨素钱百万，锦千段，马二百匹。杨素到任后，立即在永安（今湖北松滋）督造战船。其中号称"五牙船"的大舰船，上有五层，高百余尺，左右前后设有六个拍竿，高五十尺，可容战士八百人。称为"黄龙"的船可容战士百人。此外还有"平乘""舴艋"等，大小不一。为平陈做好了军事上的准备。

杨坚还采纳高颎建议，不断派出人员深入陈境，进行破坏活动，扰乱敌人。隋沿江部队换防，都大张声势，遍野置旗帜、帐幕，人喧马叫，做出要渡江攻陈的架势。陈国开始很紧张，向前线调兵，高度戒备，后来也就习以为常了。隋的策略起到了麻痹敌人的作用。

三、削除后梁

隋文帝要灭陈统一天下，就不能容忍隋的傀儡和附庸后梁继续存在下去。

后梁是在宇文泰一手扶持下建立起来的。554 年，梁武帝之孙萧詧被西魏宇文泰在江陵封为梁王。555 年，萧詧称帝，建立后梁。

萧詧，字理孙，梁昭明太子萧统第三个儿子。萧詧自幼好学，善于作文赋诗，而且还精通佛教义理。梁武帝萧衍非常迷信佛教，因此很喜欢萧詧。梁武帝先后封萧詧为曲江县公、岳阳郡王。萧詧历任宣惠将军，知石头城戍事，琅琊、彭城二郡太守，东扬州刺史。梁中大通三年（531），昭明太子死，武帝立其第三子萧纲为太子，而没有立萧詧兄弟，因此萧詧心中愤愤不平。武帝因未立萧詧兄弟为太子，心中感到愧疚，尽力安慰萧统的几个儿子，安排他们到会稽一带物产丰富、经济较发达地区任官。但萧詧并不满足，他见武帝晚年朝廷腐败，有败亡危险，便暗中积蓄财物，交结宾客，招募侠士，投到其门下的各类人物达几千人，他们都得到厚赏。

中大同元年（546），萧詧被授持节，都督雍梁东益南北秦五州，郢州之竟陵、司州之随郡诸军事，西中郎将，领宁蛮校尉，雍州刺史。雍州治所在襄阳，萧詧认为襄阳地势险要，又是梁武帝创业基地，平时可以建立自己的根基，乱世则可以此做根据地，进图霸业，因此在雍州，萧詧励精图治，安抚百姓，务修刑政，广施恩惠，发展生产。雍州被治理得比较清明。

太清二年（548），梁武帝怕萧詧兄弟势力过大，便把萧詧二哥、河东王萧誉调任湘州刺史，以湘州刺史张缵代萧詧为雍州刺史。张缵自恃才气和名望高，没把萧誉放在眼里，萧誉到湘州赴任，迎接不隆重，张缵没有亲自出面，冷落了萧誉，萧誉怀恨在心，入城之后，托病不见张缵。这年八月，梁大将侯景在寿阳起兵反叛，很快围攻建康（今江苏南京）。萧誉闻知侯景叛乱，便肆意凌辱张缵。张缵怕被萧誉收拾掉，连夜乘船逃走，想去雍州赴任，又怕被萧詧拒之门外，因此便去江陵，投靠他以前的朋友，荆州刺史、湘东王萧绎。准备借萧绎之力，伺机报复萧詧兄弟。

侯景反叛之后，萧绎与一些宗室亲王纷纷起兵赴建康讨伐侯景，太清三年（549）三月，侯景攻陷台城，梁武帝萧衍被侯景软禁。侯景以武帝名义下诏，令各地援军各回本州郡。当时桂阳王、信州刺史萧慥从三峡到达江陵，萧誉从湘州到达江口，萧绎自江陵到达郢州武成。接到诏书后，萧誉想返回湘州，而萧慥想等萧绎到达，拜谒萧绎，然后再返回。张缵在江陵给萧绎写信，称河东王萧誉在上游准备船只，想要袭击江陵，岳阳王萧詧在雍州也共谋不轨。江陵游军主帅朱荣又派人报告，桂阳王在江陵也准备响应萧詧兄弟。萧绎立即凿船沉米，自陆路返回江陵，杀掉萧慥，同时令其子萧方等与大将王僧辩率军讨伐湘州。萧誉被打败，退守长沙城，于是向三弟萧詧求援。

萧詧在雍州，麻烦事也不少。当初萧绎号召各位梁宗室亲王入援建康，共赴国难，萧詧派府司马刘方贵领兵作前军，自汉口出发。刚要出发时，萧绎又派咨议参军刘珏前来雍州，让萧詧亲自领兵前去。萧詧大为不满，发了一顿牢骚，言辞不逊，萧绎闻知大怒，而刘方贵又与萧詧不和，暗中与萧绎联络，商定日期联合袭击萧詧。未及发兵，萧詧因事召刘方贵，刘方贵以为事情败露，据守樊城不出。萧詧派魏益德、杜岸等进攻樊城。刘方贵急忙派其儿子向江陵借兵。萧绎乘机厚赏张缵，让张缵去雍州就任刺史，暗中援助刘方贵。等张缵到达大堤时，刘方贵已失败，刘方贵兄弟及同伙被斩。张缵到雍州，萧詧并不想交权，让张缵居住在西城，表面上以礼相待。萧詧因为其兄弟被陷害都是由张缵引起的，便想除掉张缵，而张缵见势不妙，赶紧捎信让萧绎将其召回。而萧詧并不理会萧绎，将张缵扣留不放。杜岸兄弟欺骗张缵，对他说："我看岳阳王殿下不能容你，你不如到西山去避祸。"张缵信以为真，穿上女人衣服，带十余人出逃，杜岸立即报告萧詧，萧詧派兵将张缵抓回。张缵自知萧詧不会放过他，便恳求允许他出家为和尚。萧詧同意了。

萧詧处理完内部事务，留咨议参军蔡大宝守襄阳，率步兵二万、骑兵一千进攻江陵，以解萧誉湘州长沙之围。萧绎在江陵周围埋设栅栏，又以王僧辩为城中都督，进行防御。同时又派人前去责问萧詧，说："萧正德（萧衍之侄，被萧衍收养）勾结侯景叛乱，国家被搞得混乱不堪。你效仿他，究竟想干什么？我受先帝喜爱，受命照顾你们兄弟。现在以侄伐叔，逆顺何在？"萧詧则回答："我兄弟无罪，但被你围攻。手足之情，岂能坐视不救。如果七叔从湘州撤兵，我立即回师襄阳。"萧詧于是猛攻江陵。不巧，天下暴雨，萧詧军营被淹，攻城又不克，将士离心，杜岸兄弟等率军投降萧绎。萧詧于是连夜逃回襄阳。

杜岸向萧绎请兵五百连夜偷袭襄阳，离城三十里，被蔡大宝发现。蔡大宝将萧詧母亲龚氏请出，登城闭门，指挥御敌。半夜，萧詧回到襄阳，龚氏不知是萧詧败归，以为敌人前来攻击，闭门不开。等到天亮，萧詧才入城。杜岸见萧詧已回襄阳，便逃往广平，投奔其兄南阳太守杜嶷。萧詧派尹正等率军攻广平，将杜岸兄弟及妻母儿女等全部杀死。

萧詧既与萧绎结仇，其兄又被萧绎灭掉，自己势单力孤，恐怕襄阳也难以保住。于是于大统十五年（549）派人向西魏称臣，请为附庸，想借西魏来保存自己。宇文泰同意，于是派丞相府东阁祭酒荣权出使襄阳。萧绎派司州刺史柳仲礼率军攻襄阳，萧詧恐惧，于是将妻子王氏及儿子萧嶚送至西魏做人质，请西魏出兵。宇文泰令开府杨忠率兵赴援。大统十六年（550），杨忠大败柳仲礼军，生擒柳仲礼。义阳、随郡、安陆、竟陵等河东之地尽归西魏。杨忠又准备进攻江陵，萧绎赶紧将儿子送至西魏，请求为附庸，杨忠这才回师。

梁武帝于太清三年（549）五月饿死在台城，侯景立萧纲为简文帝，但萧氏诸王并不承认。萧詧在保住襄阳后，也想称帝自立。萧詧部下也纷纷劝其发丧即位，萧詧以未有玺命为由不敢接受。荣权立即将情况通报给宇文泰。宇文泰便令荣权与郑孝穆持节到襄阳，于大统十六年（550）策命萧詧为梁王。萧詧在襄阳设置百官，当上了傀儡君主。大统十七年（551），萧詧让蔡大宝留守，自己到长安去朝拜西魏皇帝。

侯景立萧纲为帝不久，又废萧纲而立萧栋为帝，大宝二年（551），侯景废萧栋自立为帝，改国号为汉，大杀萧衍子孙。大宝三年（552），萧绎部将王僧辩和梁高要太守陈霸先攻下建康，侯景企图逃跑，被部下杀死。

萧绎在侯景死后于江陵称帝，同时，其弟萧纪在成都称帝。第二年，萧纪发兵攻江陵，西魏宇文泰乘机发兵攻占成都，夺取四川。萧纪也为萧绎所灭。

魏恭帝元年（554），宇文泰令上柱国于谨伐江陵，萧詧也派兵相助，萧绎兵败被杀。宇文泰立萧詧为梁主，居江陵东城，将江陵一州之地划归萧詧，襄阳所统州县尽归西魏。于谨将江陵府库搜刮一空，将梁王公百官及男女数万人掳至长安。

魏恭帝二年（555）正月，萧詧于江陵称帝，年号大定。立其妻王氏为皇后，立其子萧岿为太子，国号仍为梁，史称后梁。宇文泰设江陵防主，统兵居西城，名曰助防。外示助萧詧防御，内实兼防萧詧。后梁完全是西魏一手扶持起来的傀儡政权。江陵刚灭时，部将尹德毅曾对萧詧说："魏虏贪婪残暴，没有吊民伐罪之义，肆意诛杀，俘囚士庶，江东百姓痛心疾首。现在魏精兵尽在此处，不如以犒劳魏将为名，预伏武士，乘欢宴之机，将于谨等魏将杀死，然后派兵袭击魏军营垒，将魏军消灭。安抚百姓，任用原有文武官僚，回到建康即皇帝之位，大功即可告成。"萧詧说："你的计策很好。但魏人待我不薄，不能背叛魏国。"没有采纳。等到全城老幼被掳入关，又失襄阳之地，追悔莫及，恨当初不听尹德毅之言。又见江陵残垣断壁，疆土狭小，连年干戈不休，耻于自己威名不振，常怀忧愤之心，曾作《愍时赋》以抒发其情感。每当吟诵曹操的"老骥伏枥，志在千里。烈士暮年，壮心不已"这几句诗时，莫不扬眉扼腕，叹息不已。大定八年（562）正月，萧詧忧愤而死。其子萧岿即位，是为梁孝明帝。

萧岿在位时，陈不断派兵伐梁，幸亏北周协助后梁击败陈的进攻，才保住了江陵小朝廷。武帝灭齐后，萧岿入邺朝贺。武帝宇文邕虽以礼待萧岿，但并不把萧岿当一回事。萧岿也自知受冷遇，于是在宴会之间，向武帝陈述其父蒙受宇文泰拯救之恩，并叙梁与周唇齿相依，共度艰难之情，言辞恳切，涕泪交流，情真意切。武帝也为之动情，于是大加赏赐，礼遇益隆。后萧岿与武帝一起饮酒，极尽酣畅。武帝抱起琵琶自弹自唱，并说："应当为梁主尽欢。"萧岿也站起请为武帝献舞。武帝说："梁主还能给朕跳舞吗？"萧岿答："陛下亲抚五弦，臣何敢不同百兽。"武帝更加高兴，赏给萧岿杂缯万段、良马数十匹及齐后主妓妾和自己骑的骏马，萧岿高兴而归。

杨坚辅政后，尉迟迥、司马消难起兵反叛。当时梁的将帅们主张起兵响应，与尉迟迥遥相呼应，萧岿没有同意。杨坚登极称帝之后，因为萧岿关键时刻表现很好，遣使赏给萧岿金三百两，银一千两，布帛万段，马五百匹。开皇二年，隋文帝又纳萧岿之女为晋王杨广之妃。文帝又想将兰陵公主嫁给萧岿之子萧玚（后兰陵公主嫁给柳述）。由于后梁萧氏与杨坚成为亲戚，所以杨坚罢江陵总管，由萧岿亲自掌握国政。后萧岿来长安朝见，杨坚对萧岿很敬重，下诏萧岿位在王公之上，赐给缣万匹。临走时，杨坚亲自送行，与萧岿握手告别。开皇五年（585），萧岿死，其子萧琮继位。杨坚对萧琮不太放心，又重设江陵总管，以监视后梁。又征萧琮叔父萧岑入朝，授予大将军称号，留在长安。

隋文帝这时已有吞并江南、一统天下之志，因此，后梁这个附庸已没有存在的价值。于是，开皇七年（587）八月，文帝征召萧琮入朝，萧琮率文武二百余人到长安。文帝又派崔弘度率兵去戍守江陵。行至郢州，萧琮叔父萧岩与其弟萧瓛等人惧怕崔弘度袭击江陵，便派都官尚书沈君公去向陈荆州刺史陈慧纪请降。九月，陈慧纪率兵至江陵城下，萧岩等率江陵文武百官及百姓十万人投奔陈朝。隋文帝下诏废梁国，封萧琮为上柱国、莒国公。至此，存在了三十多年的附庸小国后梁灭亡。隋废后梁是灭陈的前奏曲，隋的下一个目标是长江以南的陈国。

隋废后梁之后，江陵地区人心不稳。杨坚便派高颎前去处理善后工作。高颎到达江陵之后，尽力安抚百姓，招募逃亡者返回故里，对于叛乱者，一概赦免其死罪，高颎又向文帝奏请免除后梁地区百姓十年赋役负担。经过高颎的绥抚，原后梁地区社会秩序很快稳定下来，经济也得到恢复，百姓安居乐业。

四、灭陈立功

到开皇八年（588），隋朝灭陈的条件已基本成熟。隋文帝任用高颎、苏威二人共掌朝政，进行了一系列改革，政治、经济、法律等制度已经建立起来并逐步完善，国家政治已走上正轨，国内反对势力已被彻底消灭，社会稳定。由于均田制和轻徭薄赋政策以及输籍定样等措施的推行，农业生产很快恢复并得到迅速发展，国家经济实力增强。另外，威胁北方的突厥，经过隋朝的军事打击和政治瓦解，内部分裂，势力遭到严重削弱，突厥各部先后向隋称臣归附，这样就解除了隋用兵江南的后顾之忧。另外在军事上，文帝也做好了部署，调兵遣将，训练士卒，督造船只，战略和策略也制定完毕，并逐步实施。而此时的陈国，在荒淫后主陈叔宝的统治下，朝政混乱腐败，人民怨声载道，国力日渐削弱，为隋灭陈统一天下提供了良机。

陈霸先于 557 年称帝，建立陈朝，内忧外患，日夜操劳，还未及享受皇帝所应有的快乐，便于 559 年病死。因为其子在江陵失陷后被掳至西魏当俘虏，所以陈霸先的侄子临川郡王陈蒨继承帝位，是为文帝。566 年，文帝病死，其子陈伯宗即位，当皇帝还不到一年，就被其叔父陈顼废掉。太建元年（569）正月，陈顼正式即位称帝，是为宣帝。文帝和宣帝之时，陈朝与北方的周、齐形成三国鼎立之势，齐与周对富庶的江南虎视眈眈，垂涎不已，不断兴兵南下，蚕食陈的版图。在内忧外患威逼之下，文帝和宣帝都能励精图治，对内休养生息，消除反叛，对外与周、齐尽力和好，以保住江南半壁江山。周灭齐后，三国鼎立之势变成了陈、周（隋）隔江对峙。宣帝于太建十四年（582）正月病死，其子陈叔宝即位。陈叔宝却与其父一点也不相像，是一个不"知宗庙之负重，识王业之艰难"的纨绔子弟，是个只知饮酒赋诗，沉湎后宫之中的风流天子，陈朝也就葬送在他这个不肖子孙之手。

陈叔宝，字元秀，小字黄奴，陈宣帝长子。承圣二年（553）十一月生于江陵。出生后第二年，江陵失陷，陈顼与陈霸先之子陈昌一同被掳至西魏，天嘉三年（562）周、陈通好才被送回建康。陈叔宝与母亲柳氏留在穰城，陈顼回来之后被接到建康。叔宝蒙难之时尚未懂事，幼年由母亲抚养长大。其父自西魏返回后，立陈叔宝为安成王世子。也许是出于补偿心理，宣帝对叔宝十分溺爱和娇惯。由于叔宝这段特殊经历，自幼长于妇人之手，少年时居深宫之中，使他性格比较软弱，缺少阳刚之气。叔宝自幼喜爱读书，特别对文学感兴趣，擅长写诗作赋，为人风流倜傥，无忧无虑，过得潇洒快活。虽然宣帝登极之后就立其为太子，他却没有君临万人之上，处理军国大政的思想准备。

太建八年（576），陈叔宝想要著名文士、左户部尚书江总做太子詹事。江总自幼聪颖，反应敏捷。少年时非常好学，家中有数千卷书，江总日夜研读，十二岁时就能作文。江总文章词藻华丽，文采浮华，尤其擅长写五言和七言诗。叔宝让陆瑜将此事告诉吏部尚书孔奂。孔奂对陆瑜说："江总有潘岳、陆机（潘岳、陆机都是晋惠帝司马衷为太子时的东宫官员，是有名的文学家）那样的文学才华，但没有东园公和绮里季（东园公和绮里季在汉高祖时辅佐太子刘盈）那样的忠厚品德。我看辅弼太子不太合适。"叔宝知道后对孔奂十分痛恨。于是亲自向宣帝说明，宣帝正要答应，孔奂对宣帝陈顼说："江总是一个文华之士，而太子文华已不少，用不着江总来教文学。依我看，应选择忠厚稳重之人辅导太子。"宣帝说："那么依你之见，谁担任这个职务合适呢？"孔奂推荐都官尚书王廓，而叔宝却坚决不同意，最后宣帝没办法，仍以江总为太子詹事。江总与陈叔宝于是经常在一起饮酒作诗，通宵达旦。叔宝闻知江总有一养女陈氏，长得非常漂亮，便微服到江家，与陈氏调情游乐，此事被宣帝知道，非常生气，于是将江总免官。由于宣帝健在，叔宝不得不有所收敛。

太建十四年（582）正月，宣帝病危，太子叔宝与其弟始兴王叔陵、长沙王叔坚一起入宫侍疾。叔陵见宣帝病危，不久于人世，便有杀太子夺皇位之念。叔陵见宫中有一把药刀，便对典药官说："切药刀太钝，应该磨快些。"典药官不明其意，没有放在心上。不几天，宣帝死，叔陵见时机已到，便让左右到外面取剑，而左右人员不知其用意，拿来朝服用的木剑，叔陵只好作罢。第二天，宣帝小殓，叔宝伏地哀哭，叔陵抽出那把钝药刀，猛砍叔宝脖子，叔宝当时昏倒在地。柳氏赶紧来救，也被叔陵连砍几刀。叔坚乳娘吴氏从后面拉住叔陵右肘，叔宝这时苏醒，赶紧爬起来。叔陵拉住叔宝衣服，叔宝奋力挣脱。这时叔坚抱住叔陵，夺下手中刀，用衣袖将叔陵捆住。叔宝被吴氏扶入另外一间殿内。叔坚过来请示如何处置叔陵，不料叔陵挣脱束缚逃走。后叔坚命人率军将叔陵擒获杀掉。

就这样，叔宝带着刀伤登上皇位。叔宝因伤未愈，在宫中休养，各种政事都由长沙王叔坚处理。叔坚因此权倾朝野，引起叔宝猜忌，叔宝借故将其免职。当时右卫将军兼中书通事舍人司马申掌管机要，作威作福。他善于察言观色，逢迎叔宝，凡是违逆自己的人，便向叔宝进谗言诋毁，阿附自己的，便寻机向叔宝推荐，朝廷内外都惧怕他。当时只有元老大臣毛喜刚正不阿，不屈从司马申。叔宝想用毛喜为仆射，被司马申劝阻。一次，叔宝伤愈，举行酒宴庆祝，叔宝带头饮酒赋诗，群臣附和，只有毛喜独坐一旁，叔宝便令毛喜赋诗唱和。毛喜本来对叔宝此举不满，但见叔宝已有醉意，又不好劝谏，只得装病倒地。叔宝令人将他抬出，后来叔宝酒醒，对江总说："我悔不该召毛喜来。我知道他并没有心脏病，只不过想劝阻我欢宴，这个人太奸诈了。"后来，叔宝借故将毛喜贬为永嘉内史，让他远离京城。

另外，当时的右卫将军兼中书通事舍人傅縡，也为一时名士，性格偏强，又恃才自傲，得罪了一些人。施文庆和沈客卿诬告他受高丽使者贿赂，被下狱治罪。傅縡在狱中给叔宝上书，书中指责叔宝酒色过度，宠任小人，宦官弄权，政治腐败，货贿公行。叔宝大怒，不久气稍消，派人对傅縡说："我想赦免你，你能改过吗？"傅縡则回答："臣心如面，臣面可改，则臣心可改。"后主叔宝更怒，于是将傅縡赐死狱中。

陈叔宝即位不久，就将敢于直言规谏的大臣毛喜、傅縡等人或贬或杀，此外再没人敢向叔宝进谏，叔宝于是便恣意妄为，做起风流天子。

陈叔宝皇后沈婺华是仪同三司沈君理的女儿，性格恬静稳重，居处俭约。皇后居父丧，悲痛万分，请居别殿，叔宝十分不满。叔宝对皇后十分冷淡，皇后在宫中以读书、诵佛经为事。后主最宠爱的嫔妃是张贵妃。张贵妃名丽华，原为兵家之女，家贫，父兄以织席为业。后主立为太子后，选入宫中。当时只有十岁，给龚贵妃当侍女。后主叔宝很喜欢丽华，后来便宠幸她。张丽华为后主生有一子，名深。叔宝即位，封张丽华为贵妃。叔宝当初被砍伤，躺在承香阁中养伤，完全由张贵妃一人服侍。至德二年（584），后主陈叔宝在光照殿前建临春、结绮、望仙三阁，各高数十丈，连延数十间。其窗、壁带、悬楣、栏杆等都用名贵的沉香、檀香木制成，并用金玉装饰，中间杂以珍珠、翡翠，外面挂珠帘。内有宝床、宝帐及一切服玩之物，珍奇瑰丽，古所未有，微风吹来，香飘数里。阁下积石为山，引水为池，种植奇异花草树木，环境幽雅宜人。后主居临春阁，张贵妃居结绮阁，龚、孔二贵嫔居望仙阁。三阁用复道相连，可以互相往来。另外，后主还召王、李二美人，张、薛二淑媛，袁昭仪、何婕妤、江修容等七人轮流到阁中游玩。

陈叔宝很会玩，他将宫女中粗通文学的人挑选出来作为女学士。仆射江总虽位居宰相，但不理政务，每日与都官尚书孔范等文士十余人陪叔宝在后宫游宴，他们游玩起来，完全没有上下尊卑之序，被称为狎客。叔宝每次饮酒，便让各位妃、嫔及女学士与狎客一起赋诗，互相赠答。又将其中有文采的诗词谱成曲，让一千多名宫女练习演唱，分部迭进，此起彼伏。其中有名的曲子有《玉树后庭花》《陆江乐》，内容都是赞美张贵妃、孔贵嫔的容貌。其中有一句词为："璧月夜夜有，琼树朝朝新。"君臣酣饮，通宵达旦，乐此不疲，习以为常。

张贵妃生一头七尺长黑发，色黑如漆，光可照人，为人又聪明机灵，善解人意，容貌艳丽，神采飞扬。两只黑眸，秋波顾盼，含情脉脉，深得后主宠爱。张贵妃又能言善辩，记忆力很强。后主整日饮酒作乐，所有政事和奏章都由宦官蔡脱儿、李善度送进宫中。叔宝倚在隐囊上，将张贵妃搂在怀中，把奏章放在贵妃膝上，二人共决断。李、蔡二人不能记下的，由贵妃逐条批答，没有一点遗漏。张贵妃因此参与政事，外面一言一事，必先告知贵妃，再通知后主。张贵妃权倾内外，其内外宗族，大多被引用，大臣们也都巴结贵妃。如有不顺从贵妃者，贵妃便向叔宝进谗言，叔宝对贵妃则言听计从。一时间，宦官与便佞之徒内外交结，转相引进，贿赂公行，赏罚无常。国家纲纪法度完全被破坏。

陈后主只知风流快乐，朝政被一伙阿谀奉承之徒把持。当时都官尚书孔范与孔贵嫔结为兄妹，他知道后主不喜欢听自己的过失，每当叔宝有恶行，孔范必为之文饰，赞美称颂一番，因此深得叔宝信任重用，叔宝对孔范言听计从。群臣有进谏者，都被孔范以各种罪名斥退。中书舍人施文庆，粗通文史，陈叔宝当太子时，曾在东宫任职，博闻强记，心算口占，又熟悉官吏职责，也被叔宝亲宠。施文庆向叔宝推荐沈客卿、阳惠朗、徐哲、暨慧景等人，都被任用。沈客卿被任命为中书舍人，兼掌金帛局。陈叔宝大兴土木，挥霍无度，造成国库空虚。于是沈客卿向陈叔宝建议，军人与士人也应纳关市之税，并提高关市税率。叔宝大喜，于是任用阳惠朗为太市令，暨慧景为尚书金、仓都令史。二人都是小吏出身，考核账簿，丝毫不差，但不识大体，督责苛严，聚敛无厌。一年下来，所收税额比常年多几十倍，士民无不深受其害，怨声四起。而陈叔宝见税收比以前增加几十倍，非常高兴，反而认为施文庆知人善任，更加信任他，无论大事小事，都委托施文庆。施文庆又引用亲信入朝，多达五十人。孔范自称文武才能，无人能及。曾对叔宝说："军队中将领起自行伍，只有匹夫之勇。深谋远虑，则毫无所知。"叔宝问施文庆对否，施文庆害怕孔范权势，点头称是。自此以后，将帅有过失，即夺其兵权，交给文吏。又将大将任忠部曲交给孔范等统领。因此军心涣散，军队即将解体。

总之，后主陈叔宝整日歌舞饮宴，沉湎女色，赋诗作文，不理朝政，宠信奸佞之徒，导致陈国政治腐败混乱，经济凋敝，百姓怨声载道，军队瓦解，离败亡之日为时不远。开皇九年（589），陈后主这位风流天子终于成为亡国之君。

开皇八年（588）三月，杨坚见灭陈时机已到，便下诏伐陈。杨坚历数陈叔宝罪状，以吊民伐罪作为出师之由。

杨坚在诏书中说，陈氏窃据江南，违背天命。我即位之初，陈顼尚在，便想教之以道，所以不以兵戎相见，而是互派使者往来，希望保持睦邻友好。不想陈国不遵守诺言，贪得无厌，招降纳叛，侵犯城池，因此王师大举，兴兵讨伐，陈顼害怕，退地撤兵，亲自要求请和，但不久身死，我们怜悯陈国遭国丧，所以下诏班师。

陈叔宝即位以后，尚能继承其父遗风，继续与隋修好，两国使者往来不断。但时间不长，便暴露出狼子之心。摒弃忠臣，诛翦骨肉，夷灭贤才。占据手掌之地，而欲壑难填。劫夺百姓，资产俱竭。征求天下美女，擅造宫室，日增月益，毫无止境。后宫嫔妃，超过万人。宝衣玉食，穷奢极侈，淫声乐饮，长夜不休。又斩直言之臣，灭无罪之家，剖人之肝，分人之血，令人发指。又欺天作恶，祭鬼求恩。歌舞道路，酣醉后宫。盛粉黛而执干戈，曳罗绮而呼警跸，跃马扬鞭，从早到晚，奔走不息。负甲执仗之人，跟随不及时，即被加罪。自古昏乱之君，无人能比得上陈叔宝。

因此，在陈叔宝统治之下，文士武夫，饥寒从役，筋髓罄于土木，性命丢弃沟渠。君子潜逃，小人得志。家家隐杀戮，各各任聚敛。天灾人祸，市井不立，农事废弃。衣冠之人，沉默不语，道路以目。死者遭挖坟掘墓之祸，生者受剥夺之苦。不法之徒，或谋图城邑，或劫掠吏民，昼伏夜游，鼠窃狗盗。背德违言，摇荡疆场，巴峡以下，海滨以西，江北、江南，皆为鬼蜮之地。

杨坚最后说，天之所覆，无非朕臣。每听闻陈国百姓之疾苦，莫不伤心恻隐。今出师授律，应机诛灭，在此一举，永清吴越。

杨坚还写有盖上御玺的传单，陈述叔宝二十恶。令人抄写三十万份，散发江南，以瓦解陈国人心。

十月，杨坚设淮南行省于寿春（今安徽寿县），以晋王杨广为尚书令，高颎为长史，将淮南行省作为指挥灭陈的大本营。任命杨广、秦王杨俊和杨素并为行军元帅。杨广为各路大军统帅，高颎为元帅长史，实际指挥大权操在高颎手中。

隋军兵分八路：晋王杨广从六合出发，秦王杨俊自襄阳出发，清河公杨素自信州出发，荆州刺史刘仁恩自江陵出发，庐州总管韩擒虎自庐江出发，蕲州刺史王世积自蕲春出发，吴州总管贺若弼自广陵（今江苏扬州）出发，青州总管燕荣自东海（今江苏连云港）出发。大军由九十总管分别率领，东自沧海，西至巴、蜀，旌旗舟楫，横亘数千里，浩浩荡荡，直逼长江。

当隋军兵临长江之时，高颎曾夜坐，问淮南道行台尚书吏部郎薛道衡，现在大军齐发，能否取胜，请说一说道理。薛道衡说：“凡论大事成败，必先以理裁断。《禹贡》所载九州，本是王者封域。后汉之际，群雄并起，孙权兄弟占有吴、楚之地，晋武帝即位之后挥师吞并江南。司马睿南迁，东晋建国，从此南北分割。自此以来，战争不息。否极泰来，天道之恒。晋人郭璞曾说，江东分王三百年，必与中原统一。现在自东晋至今，已有二百七十二年，三百年之数将满。以运数而论，此其一；有德者昌，无德者亡，自古兴灭，都是这个道理。现在文帝躬身恭俭，忧劳政务，而叔宝峻宇雕墙，沉湎酒色，上下离心，人神同愤，此其二；国之安危，在于用人。叔宝以江总为相，而江总不理政事，以赋诗饮酒为乐。其他公卿，也只是备员而已。提拔小人施文庆，委以政事。萧摩诃、任蛮奴是两员大将，但都是一介武夫，有勇无谋，此其三；现在我有道而彼无德，我强敌弱。陈国甲士不过十万人，西至巫峡，东至沧海。防线几千里，集中兵力则顾此失彼，防不胜防，此其四。我们以席卷之势，攻无不克。这是毫无疑问的。"高颎听后非常高兴，说："听君谈论成败，事理分明，我现在豁然开朗。我本以为你我才学不相上下，不想你的谋略胜我一筹。"于是任命薛道衡为吏部侍郎。薛道衡的分析颇有见地，隋、陈虽未曾交兵，实际上胜负已定。

秦王杨俊为上流诸军统帅，督率诸军屯驻汉口。陈叔宝下诏以散骑常侍周罗睺指挥巴峡沿江诸路军队抵抗隋军。

十一月，杨素水师首先自信州出发，沿长江顺流而下，出三峡，到达流头滩。陈将军戚昕率青龙船百余艘、士兵数千人守狼尾滩（今湖北宜昌以西），挡住隋军去路。这里地势险峭，水急滩多。隋军诸将有些畏惧，不敢前进。杨素见此情景，对部将说："今天胜负大计，在此一举。如果白天进攻，敌人能看见我军虚实。这里流急滩险，对我们很不利，不如乘夜色掩护偷袭。"夜晚，杨素亲率黄龙船数千艘秘密而下，派开府王长袭率步兵由南岸袭击敌人别栅，大将军刘仁恩率骑兵自北岸赶往白沙。天明赶到，将戚昕击败。戚昕逃走，俘虏其部众，然后又发给路费遣散回家。隋军秋毫不犯，深受陈国百姓欢迎。

杨素率水师东下，舰船蔽江，旌旗甲胄耀眼，气势宏伟。杨素乘坐平底大船，容貌雄伟，陈人见了都很惧怕，说："清河公杨素就是江神啊！"陈沿江各镇守军闻知隋军将至，相继上奏，都被施文庆、沈客卿扣压不报。

当初，萧岩、萧瓛率众奔陈，叔宝认为他们是梁宗室，很不放心，于是离散其部众，任萧岩为东扬州刺史，萧瓛为吴州刺史。同时任用领军任忠出守吴兴郡以监视二州。另外又让南平王陈嶷镇守江州，永嘉王陈彦镇守徐州。不久，陈叔宝召南平王与永嘉王参加明年元宵节，命沿江防守船舰全部跟从二王返回建康，想以此为威势来震慑梁朝归降者。于是江中没有一艘战船。

陈南康内史吕仲肃驻守歧亭，据守江峡，在北岸凿岩，用三条铁链横截江面，以阻拦战船。杨素与刘仁恩登陆，将吕仲肃部队击溃，去掉铁链。吕仲肃逃到荆门的延洲据守，杨素又派士卒千人乘四艘五牙船，击碎敌十余艘战船，乘势登上延洲，吕仲肃只身逃走，隋军俘获敌人两千余人。陈后主派信州刺史顾觉镇守安蜀城，荆州刺史陈纪镇守公安，都望风而逃，巴陵以东，无人敢守。杨素一路顺风到达汉口，与秦王杨俊会合。

陈湘州刺史、晋熙王陈叔文，任职已久，深受当地士民拥护。叔宝以其据有上游，心中忌恨叔文。又考虑到待臣下少恩，恐怕无人能忠于自己，便提拔施文庆为都督、湘州刺史，配备精兵二千，西上御敌，召叔文回朝。施文庆大喜，又怕自己离开之后，朝廷大权落入别人之手，对自己不利，于是推荐其党羽亲信沈客卿代替自己朝中职务。施文庆未出发期间，与沈客卿二人共掌机密。当时护军将军樊毅对仆射袁宪说："京口（今江苏镇江）、采石（今安徽当涂境内）都是战略要地，各自须派精兵五千、金翅（船名）二百，沿江上下，作为防备。"袁宪与骠骑将军萧摩诃认为很对，便与文武群臣商议，请叔宝采纳樊毅建议。施文庆怕如果这样，自己无兵可带，叔宝会撤销对其任命，而沈客卿又希望施文庆赴任湘州，自己可以独揽大权，便对叔宝说："这只是平常之事，边城将帅足可以抵挡。如果再出人与船，恐怕会引起人们惊慌。"

等隋军临江，间谍突然到来汇报敌情，袁宪等再三请求派兵。施文庆说："元宵节将至，南郊祭祀之日，太子多跟随，现在出兵，那么这件事便办不成了。"叔宝说："现在暂且出兵，如果北边无事，再用水军跟随郊祭，有何不可呢！"施文庆又说："如果这样，被敌国知道，便认为我们国弱无兵。"施文庆又贿赂江总，江总又向叔宝游说。叔宝迫于群臣之请，将这件事交付臣下讨论。江总又压抑袁宪等人，于是久议不决。而陈叔宝面对敌军压境毫无防备之心，从容对群臣说："王气在此。齐兵三来，周师再来，无不摧败。彼何为者耶！"陈叔宝拿老皇历当作宽心丸来吃。齐师三来指梁敬帝绍泰元年（555）徐嗣徽、任约率齐军袭建康，占据石头城；太平元年（556）齐军再破采石，与齐将萧轨一同进逼建康；陈文帝天嘉元年（560）齐将刘伯球等助王琳攻芜湖，三次入侵都被击退。周师再来指天嘉元年独孤盛、贺若敦进入湘川，临海王光大元年（567）宇文直、元定率兵助华皎反叛，都以失败告终。然而时过境迁，形势已今非昔比，陈叔宝还以此自我安慰，不知亡国将至。当时都官尚书孔范也在一旁附和，说："长江天堑，自古以此分南北，现在隋虏军队怎能飞渡长江呢！边将想争功，妄言事急。我常嫌官位卑下，敌军如果渡江，我一定当太尉前去迎战。"孔范自称文武双全，所以大言不惭。有人说隋军马死，孔范则说："这是我的马，怎么死了呢？"意指如果隋军马若渡江，一定回不去，尽归我有，可见其狂妄已极。但陈叔宝却对孔范的话深信不疑，所以不做认真防御，仍然奏乐、纵酒、赋诗不辍，继续风流。

开皇九年（589）正月，贺若弼自广陵引兵渡江。在此之前，贺若弼已经将敌人麻痹。贺若弼任吴州总管之后，派人将老马卖到陈国，买回船只，然后藏于内湾，故意将五六十艘破船摆在江边。陈人见了，以为隋国内无船。贺若弼又让沿江防守部队换防时齐集广陵，遍插旗帜，营幕遍野，陈人见了，以为隋要发动进攻，赶紧调兵防御。等陈人知道是换防，于是将部队撤走，反复多次，陈人对隋军调动习以为常。贺若弼又令士兵经常沿江射猎，大造声势，人马喧闹。所以贺若弼渡江时，陈人并未觉察。

韩擒虎亲率五百精兵，自横江（今安徽和县境内）半夜渡长江，到达对岸采石，守军都醉卧梦乡，不战而克。晋王杨广率主力大军自寿春进至六合，屯于六合镇桃叶山。隋朝各路大军已对建康形成合围之势。

陈采石戍主徐子建派人驰告叔宝隋军已到达采石。叔宝这才惊慌起来，召集公卿商议军情。叔宝下诏表示要御驾亲征："犬羊侵陵，逼近郊畿，应立即扫除平定。朕当亲率六师，廓清八表。"于是任命骠骑将军萧摩诃、护军将军樊毅、中领军鲁广达为都督，司空司马消难、湘州刺史施文庆为监军，令南豫州刺史樊猛率水师出白下（今江苏江宁境内），令散骑常侍皋文奏领兵镇南豫州（今安徽当涂），并且重立赏格，让和尚、道士也从军上阵。

贺若弼渡江之后，奔袭南徐州，攻克京口（今江苏镇江），生擒刺史黄恪，俘虏陈军六千人。贺若弼发给俘虏每人一份敕书，然后释放，令其分道宣谕。贺若弼军纪严明，所过之处秋毫不犯，所向无敌。很快，贺若弼进据钟山（今南京紫金山），驻扎在白土冈之东。当初贺若弼攻京口时，萧摩诃请求领兵拒战，叔宝未同意，等贺若弼进占钟山，萧摩诃又对叔宝说："贺若弼孤军深入，营垒未固，出兵偷袭，一定能马到成功。"后主陈叔宝又不许。随后不久，叔宝召萧摩诃、任忠于殿内议军事。任忠说："兵法上说攻方贵神速，速战速决，守方要慎重固守。现在国家足兵足食，应固守台城，沿秦淮河立栅栏。隋军虽到，不与交战，分兵断其后路，令其各路大军音信不通。然后我亲率精兵一万，金翅船三百艘，自江奔袭六合。隋必以为其渡江部队已被我俘获，这样可以挫伤其锐气。淮南人与我相熟，现在派我去淮南，当地人必定归附于我。我再声言欲攻徐州，断隋军退路，那么隋军将不战自退。等待春水上涨，上游周罗睺等各路大军必顺江而下，增援建康（当时周罗睺督率水师在郢汉）。这才是良策。"后主叔宝不听。第二天，叔宝叹道："兵久不决，真令人厌烦。可让萧郎（萧摩诃）出去决一战。"任忠叩头苦请，不要出战。这时孔范又奏："请决一死战，当为官勒石燕然。"孔范以窦宪自许，也想刻石留名，狂妄不可一世。陈叔宝又被孔范诏媚之词打动，便对萧摩诃说："公可为我一决胜负。"而摩诃说："从来行军打仗，冲锋陷阵，都是为国为身。今日之事，兼为妻子儿女。"陈叔宝于是将府库中金帛拿出赏赐士兵。

萧摩诃领受，让鲁广达在白土冈布阵，居诸军之南，任忠、樊毅、孔范在中间，萧摩诃率军居北，南北连绵二十里，首尾进退互不相知。贺若弼登山望见敌军布阵，立即下山，与所统领杨牙、员明等七总管率甲士八千人，严阵以待。陈叔宝与萧摩诃之妻私通，被萧摩诃闻知，所以萧摩诃无心出战。只有鲁广达率军前来力战，连续击退隋军，隋军死二百七十多人。陈人得人头，立即向陈叔宝请赏。贺若弼见敌军益骄，便激励督率将士，猛攻孔范，孔范刚一交战，便引兵后退，陈军见状，纷纷溃逃，死伤五千余人。

韩擒虎自新林进军，陈将任忠在石子冈率部投降韩擒虎。任忠引韩军入朱雀门，守门将士欲抵抗，任忠大声说："老夫尚降，诸军何事！"于是陈军溃退，韩擒虎攻入建康城，文武百官逃散，各奔东西。只有尚书仆射袁宪在殿中，尚书令江总等人在尚书省。陈叔宝对袁宪说："我向来待你不如别人，而现在只有你跟随我，真愧疚啊！"叔宝欲逃，袁宪正色说道："隋军所过，秋毫不犯，现在入城，也必不有劫掠烧杀。大事已至此，陛下还想到哪里去！陛下应正衣冠，御正殿，依梁武帝见侯景故事（侯景围攻台城，永安侯萧确力战不能退敌，于是入宫启奏梁武帝萧衍，说城已陷，武帝在殿上安卧不动，问：'犹可一战乎？'萧确说不可，武帝叹息一声，说：'自我得之，自我失之，亦复何恨！'不久侯景派人拜谒武帝。武帝坐在文德殿上，问：'景何在？

可召来。'侯景进来之后，武帝仍从容不迫，询问侯景。侯景不敢仰视，汗流满面）。"陈叔宝不听，从榻上赶紧下来，说："锋刃之下，未可交当。吾自有计！"于是率宫女十余人及张贵妃、孔贵嫔，出后堂景阳殿，想自投枯井中，袁宪苦谏不听。后阁舍人陈韵以身挡住井口，后主与之相争，许久才顺绳而下。不久，隋军进入后宫，窥视井中，喊叔宝上来，叔宝不出声。隋军士兵便声称向井中投石，叔宝这才答声。士兵用绳往上拉，感觉太重，很是奇怪，等拉出来一看，叔宝与张贵妃、孔贵嫔三人一同绑在绳上。这就是自作聪明的陈后主留给后人的笑谈。

贺若弼乘胜引兵至乐游苑，鲁广达率余众苦战不息，斩杀隋军数百人。到黄昏，力战不支，才放下铠甲兵刃，面对台城两拜，恸哭不已，对部下说："我身不能救国，负罪深矣！"于是率众投降。贺若弼夜烧北掖门，攻入建康。贺若弼闻知韩擒虎已抢先入城，擒获陈叔宝，便要见见陈叔宝。陈叔宝非常恐惧，吓得汗流股栗，向贺若弼叩拜。贺若弼说："小国之君面对大国之卿，叩拜应该。入朝后不失为归命侯（三国时吴主孙皓降晋，封为归命侯），不用害怕。"

高颎比杨广先入建康，高颎之子弘德为晋王杨广记室，杨广派弘德赶往高颎处，让高颎将张丽华留下。高颎说："过去姜太公蒙面斩纣王宠姬妲己，现在怎么可以留张丽华！"于是派人斩张丽华于青溪。杨广早闻张丽华美丽妩媚，因此想纳丽华为妃，杨广因此忌恨高颎。杨广进入建康之后，以施文庆受委不忠、曲为谄媚以掩叔宝耳目，沈客卿重赋厚敛以悦叔宝，与太市令阳惠朗、刑法监徐哲、尚书都令史暨慧景，皆为民害，斩于石阙之下，以谢三吴父老。又令高颎与元帅府记室裴矩收图籍、封府库，资产一无所取。

陈水军都督周罗睺与郢州刺史荀法尚守江夏，秦王杨俊率三十总管、水陆十万大军屯于汉口，与陈军相持月余。建康攻下之后，杨广派人携带陈叔宝手书招降上游陈军将士。周罗睺率诸将降于杨俊。王世积在蕲口，听到陈亡，告谕江南诸郡，陈豫章诸郡太守降于王世积。

陈吴州刺史萧瓛在陈亡后被吴人推举为吴主，继续顽抗。右卫大将军宇文述率行军总管元契、张默言等征讨萧瓛。青州总管燕容也自东江率军前来助战。陈永新侯陈君范自晋陵投奔萧瓛，与萧瓛一起抵御宇文述。萧瓛在晋陵城东立栅栏，留兵拒守，派王褒守吴州，自己率军由义兴入太湖，欲袭击宇文述背后。宇文述攻破晋陵，回兵击萧瓛，萧瓛大败，逃往太湖中包山。宇文述又派部将攻吴州，王褒穿上道士衣服逃走。燕荣攻萧瓛，萧瓛被擒获。东扬州刺史萧岩在会稽投降。萧瓛与萧岩被送到长安斩首。

陈亡后，岭南地区数郡共推高凉郡太夫人冼氏为主，号圣母，保境拒守。

隋派柱国韦洸等前去安抚岭南。陈豫章太守徐璒据守南康，韦洸进军受阻。杨广派人将陈叔宝手书送交冼夫人，告知陈亡，令其归附隋朝。二月，冼夫人率众降于韦洸。韦洸发兵击杀徐璒，进入广州。陈衡州都督王勇也归降。至此，隋仅用四个月时间就全部平定陈国。得州三十，郡一百，县四百。隋在长达二百多年的南北分裂之后，重新实现了中国的统一。

高颎在平陈过程中起了重大作用。高颎曾亲率大军伐陈，虽然因突厥南犯而被迫班师，但这次出师为以后制定伐陈策略提供了经验和教训。其后高颎又献平陈之策，被文帝采纳，对灭陈顺利进军并取得胜利起了重要作用。在平陈之役中，杨广虽为元帅，但高颎作为元帅长史，掌握实际指挥大权。"三军咨禀，皆取断于颎。"关于这一点，杨坚心中也很明白。平陈之后，杨坚在晋王府举行庆功会，大宴群臣。高颎等人奉觞为文帝祝酒，文帝对群臣说："高颎平江南，虞庆则降突厥，可谓茂功矣。"文帝以功加高颎上柱国，晋爵齐国公，赐物九千段，定食千乘县一千五百户。文帝对高颎更加宠信，杨坚对高颎说："公伐陈之后，有人说公欲谋反，朕已将此人斩首。我们君臣志同道合，不是青蝇之类小人所能挑拨离间的。"

高颎恩宠已极，心中不安，于是上表要求让位。文帝对高颎说："公远见卓识，深谋远虑，出则统兵运筹，廓清江南，入则掌司禁旅，可以托付心腹。

自朕受命以来，经常掌管朝政，参与机密，尽心竭力，你的心迹已明。这真是天降良相，辅弼朕治理天下，你就不要再枉费口舌推辞了。"高颎于是继续任尚书左仆射。

在高颎第一次伐陈班师之后，杨坚曾召高颎与长孙览、虞庆则、杨雄、元谐、李充、贺若弼等人同宴，在酣饮之际，杨坚对他们说："朕过去在周朝竭诚尽节，但苦于受到猜忌，每次想起来就寒心。为臣如此，有何情可依？朕于各位，义则君臣，恩犹父子。朕当与各位公卿共享富贵，只要不犯谋逆之罪，一无所问。"在平陈之后，杨坚对高颎确实做到了毫无猜忌。右卫将军庞晃、将军卢贲前后说高颎坏话，杨坚将二人黜退。杨坚对高颎亲礼愈密，曾对高颎说："独孤公如一面铜镜，越磨越亮。"

这年，苏威由吏部尚书升任右仆射。高颎与右卫大将军杨雄、虞庆则、苏威并称朝中四贵。高颎在平陈之后，可以说是恩宠已达到顶点。

高颎虽然在平陈过程中功冠群臣诸将，但高颎并不居功自傲，而是非常谦虚，主动让功于人，与韩擒虎、贺若弼之流争功邀赏形成了鲜明对比。

当初，韩擒虎率五百精兵先入建康，俘后主陈叔宝。贺若弼进城之后，对此耿耿于怀，耻于自己功在韩擒虎之后，于是与韩擒虎互相对骂，愤然拔刀而离开。

返回京师之后，二人在杨坚面前争功。贺若弼对杨坚说："臣在蒋山（即钟山）死战，破其锐卒，擒其骁将，震扬威武，遂平陈国；韩擒虎略不交阵，岂臣之比！"韩擒虎也毫不相让，对文帝杨坚说："臣奉明旨，与贺若弼同时出兵攻取敌都城，贺若弼竟敢先期出发，逢敌必战，致使将士死伤很多。臣以轻骑五百，兵不血刃，直取金陵，降服任蛮奴，生擒陈叔宝，夺取府库，捣毁其巢穴。贺若弼到了晚上才扣北掖门，臣开门迎其入城。贺若弼姗姗来迟，功劳怎能与臣相比。"二人争得面红耳赤，各不相让。杨坚只得对他们说："二位将军都立了上等功。"二人这才罢休。

文帝曾让高颎与贺若弼论平陈之事。高颎很客气地说："贺若弼先献平陈十策，后又在蒋山（钟山）与敌军苦战。我是一个文吏，怎能与大将军论功呢！"杨坚听后大笑。当时人们都称赞高颎谦让不争，胸怀坦荡。

第五章 继续执政

一、谮毁纷至

自从平陈之后，文帝更加看重高颎。高颎也自知位极人臣，深思隐晦之道。高颎母亲是一个深明大义之人，经常对高颎说："你富贵已到了顶点，只是欠砍头罢了，你要处处谨慎，小心为要。"高颎因此闲暇时候常看佛经，吃斋念佛。与僧信行、法彦、僧邕关系密切。信行是安阳人，姓王，很小时遁入空门，出家为和尚，起先住在相州（今河南安阳）法藏寺，干些寺中杂活，后来受具足戒为正式比丘，自学佛教各种经论，于是成为佛学大师，四方僧侣来学者络绎不绝，于是信行就创立三阶教。教徒以乞食为业，以挽救末世颓习为宗旨。舍弃佛教经律论等章疏，一时间风靡天下。开皇初年，高颎即久闻信行大名，请信行入京，在长安真寂寺捐钱为信行建了一个僧院，专门请信行居住，以便弘扬三阶教义。信行于是撰写《对根起行三阶集录》等书四十多卷，并在长安由徒众捐钱立寺院五所，教徒发展迅速，在当时佛教各派中居于首位，最盛时教徒光长安就有十多万人。隋文帝见信行徒党众多，暗中疑忌，曾命令禁止百姓入教，但三阶教并未由此衰弱，反而更加兴盛，文帝后来也只好废除禁令。信行在开皇十四年（594）圆寂，享年五十四岁。信行死后，由他的高徒僧邕继任三阶教主。僧邕是山西介休人，姓郭。小时候入乡里的学校就学，经史子集都略通大义，十三岁出家，师从僧稠禅师，僧稠授僧邕禅法，没有多久僧邕就精通了，于是辞别僧稠自己到林虑山（今河南林县西）修习禅法。开皇初年，听说魏州有个信行禅师道义高深，于是到魏州，师从信行，共同倡导三阶教，开皇九年（589），和信行一起到京城长安，居住在化度寺。开皇十四年信行死后，僧邕继任为三阶教主，领导众多教徒，三阶教因他而更为兴旺。高颎向来很尊重信行、僧邕师徒，以师礼待之，经常向他们咨询佛学精义。僧邕于唐贞观五年（631）圆寂，享年八十九岁。唐太宗李世民曾赠丝帛为僧邕追福。三阶教在此期间虽屡经磨难，几次被禁止传教活动，又经隋末农民战争冲击，但仍然流传不绝，门徒更众，这与僧邕的努力是分不开的。

法彦是河南洛阳人，本姓张。从小出家，精心研究大论，遍通三藏经律论。开皇十六年（596），隋文帝杨坚敕命法彦为大论众主，居住在高颎为他安排的长安真寂寺。真寂寺是高颎为表示自己对菩萨的虔诚信奉，捐献自己的宅第重新改建成的。高颎经常退朝后到真寂寺和法彦、信行等人谈论佛法，交换学佛心得体会。回家后也经常阅读佛经，吃长斋，念阿弥陀佛号，希望来世往生西土。法彦居住真寂寺后，一天，高颎率领全家老少百余口人，亲自步行到真寂寺，请求法彦为他们授菩萨戒。大业三年（607），法彦圆寂于真寂寺，享年六十多岁。经他之手皈依佛门的弟子多得无法计数，跟他学习的佛教僧侣也经常是座无虚席。

高颍当时虽然信重佛法，但只为在家居士，梵语称优婆塞，意思就是在家修行，不剃发，不脱离世俗生活，可饮酒食肉，相当于俗家弟子。但须诚心奉佛，心中有佛，向往西天即可，不拘日常礼节。

高颍因为受佛教"四大皆空"、人生如梦、名利都如过眼烟云不可依恃思想的影响，对权势地位看得很淡，几次向文帝上表请求让位，让尚书左仆射与苏威，文帝都不肯答应。

在当时所谓的朝中四贵中，高颍最受宠任，从而引起朝中许多人的嫉妒，处心积虑想搞垮高颍，以便取而代之。这时候有一个文帝亲信旧臣庞晃，起来向高颍挑战了。

庞晃当时为右卫将军，是右卫大将军杨雄部下。杨雄即前面曾提及的杨惠，是文帝的族子，原来封为邗国公，后来因为助文帝受禅有功，赐名杨雄，晋爵广平王，升任右卫大将军。庞晃向来看不起杨雄，加上又自认为与文帝有老关系，经常与杨雄发生冲突。

有一天，杨雄巡察禁军宿卫情况，经过庞晃的辖区。右卫大将军负责管理皇宫警卫，是杨雄的责任所在。庞晃当时正在营中睡午觉，见到杨雄爱理不理，态度傲慢，也不起来行军中礼节。杨雄很不高兴。庞晃怕杨雄先向文帝上奏告发自己，于是恶人先告状。因为杨雄与高颎关系很好，又同时执政，因此想搞垮杨、高，自己代杨雄为右卫大将军，并代高颎执政。于是上奏文帝，称高颎与杨雄"共为朋党，诬下罔上"。文帝也知道杨雄与高颎关系非同一般，因为当初高颎投入杨坚幕府就是由杨雄牵线，因此听到庞晃之言也颇为相信，于是在朝堂上质问杨雄，杨雄说他负责守卫皇宫，经常在皇上身边，如果有结党营私之事，圣上"钦明睿哲，万机亲览"，难道会不知道！至于说高颎，则"用心平允，奉法而行"。这是"爱憎之理"，希望陛下详细调查。因此回称庞晃"悖慢，目无上级"。文帝派人调查，实是庞晃的过错，于是把庞晃贬为怀州刺史。对待高颎依旧，但对杨雄已经暗中猜忌。

庞晃虽被贬，但不久又有一位满怀牢骚的人出来谋划除去高颎了。

乐安郡公元谐，性情"豪侠，有气调"，小时候与杨坚是同学，一起在北周的国子监读书，关系甚好。杨坚为丞相，元谐当时为左右亲信，劝杨坚招用高颎、李德林，平尉迟迥之乱。他曾对杨坚说："你没有党援，好像水里面的一堵墙，太危险了。"于是杨坚派杨雄等人笼络高、李。等到杨坚即帝位，笑着对元谐说："水里面的墙究竟如何？"因此与元谐大宴庆贺，并封元谐为乐安郡公，官上大将军。

元谐性刚愎自用，喜欢诋毁、攻击他人，与左右同事关系闹得很僵，因此对杨坚说："臣一心事主，不取媚讨好他人。"杨坚于是勉励元谐，要他自始至终履行自己所说的话。

后来有人告元谐与郢国公王谊谋反。当时王谊被贬在家闲居，元谐也因与刘昉、卢贲、李询、张宾等人谋划除去高颎、苏威，五人共同执政，事情败露，被除官籍为民，在家闲居。两人同病相怜，经常往来，怨望朝廷，口吐不逊之言，被经常来往两家的胡僧告发。杨坚念元谐旧勋，于是特令免元谐死，不久就释放了，而王谊则伏诛。

平陈以前，杨坚大宴群臣，元谐建议："陛下威名远播，臣请以突厥可汗为候正，陈叔宝为令史。"杨坚斥责道："朕平陈国，以吊民伐罪，并非想夸诞示威于天下，你的建议丝毫不合朕之本心。突厥不知山川，何能警候，叔宝昏醉，宁堪驱使！"元谐讨了个没趣，只好退下。

元谐尚不安分，这时又想谮去高颎、杨雄，自己代为执政。不久事情泄露，有人告发元谐与堂弟上开府元滂、临泽侯田鸾、上仪同祁绪等人谋反。杨坚命大理寺、刑部共同审理此事。不久大理寺、刑部回报称元谐与元滂等人谋划让祁绪联合党项兵割据四川，又想谮毁高颎、杨雄，称："左执法星动已经四年了，奏折一上，高颎必死。"又说："太白犯月，光芒四照，主有大臣将被杀，杨雄必当此。"元谐又曾经和元滂一同去见杨坚，元谐私下对元滂说："我是主人，殿上者贼也。"又命令元滂望气，元滂看了后说："他们的云像蹲着的狗，奔跑的鹿，不如我们这儿有福德云覆盖。"杨坚听报后大怒，心想自己屡次三番放过元谐，但犹不肯改过，这种人留在世上何用，不可再赦，于是命令处斩元谐、元滂、田鸾、祁绪，家产都没收充公。

不久尚书都事姜晔、楚州行参军李君才，都上奏称今年水旱不调，收获甚少，原因是由于高颎，并且说杨坚宠高颎太过，请求文帝废黜高颎。杨坚大怒，命令在殿廷上杖击姜晔、李君才。恰好当时殿内刚撤去杖，于是杨坚就命令用马鞭在廷上捶杀姜晔、李君才。开皇初年本因为鞭"残剥肢体，彻骨侵肌"，作为刑罚太过酷烈，因此杨坚当时命令废除鞭刑，现在又重新采用，从中可见杨坚的喜怒无常、用刑严酷，后面还将提及。另外齐州刺史卢贲也上书弹劾高颎，杨坚不加理睬。

这时高颎心里也不安稳，不巧荧惑星又侵入太微垣，进犯左执法星。荧惑星就是火星，古人认为这种星象主宰相将被废，太微垣相当于朝廷，左执法星即代表尚书左仆射、左相，亦即高颎，荧惑星代表异己力量，将排挤掉左执法星，前面元谐即想因此谮毁高颎，这时高颎身边的亲信术士刘晖私下对高颎说："天文不利于宰相，你可以修德以禳除。"高颖更不自在，于是把刘晖的话告诉杨坚，杨坚毫不在意，尽力安慰高颖，以便让高颖安心任职。

杨坚对高颖虽然宠任依旧，但是因杨雄宽容下士，能得众心，朝野注目，又掌管兵权，暗中猜忌，于是命令解除杨雄右卫大将军之职，转任司空，名为升职，实际是降职，不让杨雄再掌管兵权。

高颖能如青山般屹立不倒，主要还在于高颖为人忠心诚恳，一心奉事杨坚，又是文臣，所以虽功勋卓著，但对杨坚并不构成很大威胁。此外，高颖又与杨坚妻子独孤后有一层特殊关系。起初高颖父高宾曾为独孤后之父独孤信部下，北周明帝宇文毓赐高宾姓独孤氏。北朝时汉人当官者有姓鲜卑姓的习惯，像杨坚在北周时被赐姓步六孤氏。独孤信被周孝闵帝时权臣宇文护无罪冤杀，妻子儿女被迁于四川。独孤后当时年纪还很小，加上有一个姐姐为周明帝的皇后，因此特免从迁，留居长安，由姐姐照顾。这时高宾已不再做独孤信僚佐，升任咸阳郡守，因此没受独孤信牵连。独孤后因父亲老部下的缘故，经常往来高家，与高颖小时候就很熟悉、亲密。所以在杨坚辅政后不久，高颖就投入其营垒，甘受驱驰。这其中虽然有高宾本是北齐旧将，家属还留在齐国，不受北周信任的缘故，但主要还是由于高颖与独孤后的这层特殊关系。

开皇十年（590）二月，杨坚北上巡幸并州晋阳（今山西太原），留高颖镇守京师。四月，杨坚从晋阳回到长安，因高颎留守有功，赐给高颎缣帛五千匹，另外又赐皇帝的行宫一所，作为高颎的庄宅。

这时高颎的幼子高表仁已经十八岁，正在挑选佳偶。杨坚于是特别把太子杨勇的女儿嫁给高表仁，从此高、杨成为亲家，关系又深了一层，不再纯粹是以前的君臣关系。高表仁大婚之日，杨坚赏赐前后不可胜数。高颎被文帝宠任，在当时朝臣中无人能比。

高颎夫人贺拔氏病重，杨坚派人日夜看视，深为关切，屡次派宦官为中使问候贺拔氏病情，并派宫中太医院御医到高颎府第医疗贺拔氏，络绎不绝。但是久不见效，于是杨坚亲自到高颎府第观察贺拔氏病情，太医院医官随从，又赐高颎钱百万、绢万匹及千里马一匹。但是贺拔氏病情仍然不见起色，不久就撒手西去。高颎悲痛不已，杨坚也很伤心，命令加以厚葬，仪式非常隆重。

杨坚对高颎信任始终不减，曾经对高颎说："独孤公，犹镜也，每被磨莹，皎然益明。"高颎父高宾曾被北周赐姓独孤氏，所以杨坚经常称高颎为"独孤公"而不称其姓名，以表示对他的尊重、亲密。高颎非但没因此更加自负，反而越加谦逊，不敢逸豫，由此看出文帝对高颎的长久宠信并不是偶然的。

二、权力斗争

开皇十二年（592）七月，朝中发生了一件大事，那就是高颎的好友、亲密的合作伙伴和很好的搭档苏威被废。

事情的起因是这样的：早先，何妥就与苏威有矛盾。何妥是居住在四川的西域人。父亲何细胡本是西域何国人，因为通商来到四川，后来定居下来，因为西域人向来善于经商，有经营的传统，于是帮助梁武陵王萧纪管理金钱财物，积累资产成为巨富，当时人称为“西州大贾”。何妥少时即仕后梁，周师入江陵，何妥随军被迁到长安。后来累官至国子博士。

何妥“少机警，有俊才”，善于辩论，但是性情过于褊急，喜欢褒贬评价他人。苏威曾经对杨坚说，他的父亲苏绰经常对他说，只要读《孝经》这本书就足以立身治国，不用多看他书。杨坚也表示赞同。何妥却很不以为然，加上向来就不满苏威执政，因此反驳道：“苏威所学，不止《孝经》，他的父亲苏绰如果真说过这种话，苏威不听从父命，是他的不孝；如果苏绰确实没说过，那就是苏威当面欺骗陛下，是他的不诚。不诚不孝，何以事君！并且孔夫子说过：'不读《诗》无以言，不读《礼》无以立。'岂容苏绰教子反而违反圣人之训？"因此奏称苏威"不可信任"，杨坚当时正倚重苏威，对何妥的上奏没给以足够重视，搁置一边。

何妥还不甘心，于是又因苏威掌管天文律历，多不称职，又见苏威兼领多职，心怀不满，因此又上书谏杨坚四件事。一是选官，必须"参以众议，不要只信一个人的推举"；二是要"察阿党"，不要使结党营私之路开，欺君罔上之心生；三是朝廷大事要分人掌管，不要使一人身兼数职，使"髦彦明哲，没有办法得到仕进"；四是要政令前后保持一致，凡是有敢"析言破律，乱名改作"，挟持左道旁门以扰乱政事者，杀无赦。这些其实都是针对苏威的，苏威听了更为生气，但也无可奈何。杨坚当时也没有过于追究，事情就不了了之了。

杨坚又曾经命苏威与何妥两人共同考订古代文学著作，两人一点也不合作，互相诋毁谩骂。苏威气极，称道："没有何妥，不愁无博士！"何妥也应声说道："无苏威，也不愁没有执政！"当时引为笑谈。

何妥年轻时就很喜欢音律，并且精通各种音调。曾经主持制定清调、平调、瑟调三种音调和鞞、铎、巾、拂四种舞蹈。又奏请朝廷宗庙雅乐用黄钟调，杨坚后来都采用了。

苏威的儿子苏夔任太常卿，负责修订音律，百官因为苏威的缘故，多附和苏夔的建议，何妥的意见多不被采纳，何妥大为愤怒，认为自己钻研此道四十多年，难道还不如个毛头小子？因此上奏弹劾苏威与礼部尚书卢恺、吏部侍郎薛道衡等人"共为朋党"，拉帮结伙，居心叵测。杨坚得奏后，命虞庆则负责审查此事，虞庆则后来回报说事情属实。杨坚很生气，于是让苏威读《宋书·谢晦传》，仔细琢磨其中朋党之事。

苏威大为惶恐，上表自责。杨坚说："谢已经晚了。"于是免去苏威尚书右仆射官职，挂邳公衔归府第。不久，杨坚又说："苏威是有德行之人，但为人所误罢了。"后来又说："世人言苏威诈冒清廉之名，实际上家里金玉满堂，这是不确实的。但是苏威性情狠戾，不切于世俗要务，求名心太重，顺从自己就很高兴，违抗他就发怒，这是他最大的毛病。"

苏威的被废，使高颎失去了一个好搭档和难得的合作伙伴。从此，高颎办事常常有人在背后掣肘，没有以前那么顺手顺心了。

苏威被废不久，又有一位与高颎关系密切，并由高颎推荐担负重任的人死了，他就是当时的名将韩擒虎。

韩擒虎，字子通，河南东垣人，少时"慷慨，以胆略见称"，容貌"魁岸，有雄杰之表"，又喜欢看书，经史百家都略知大旨。高颎从小就与韩擒虎相熟，很了解并看重他。杨坚筹划灭陈，向高颎询访可付以重任、独当一面的中意人选。高颎于是向杨坚推荐韩擒虎，说他有文才武略，可当大任，镇守一方。文帝于是任韩擒虎为庐州总管，镇合肥，谋划灭陈。平陈时，韩擒虎率领轻骑五百，兵不血刃直取金陵（今江苏南京），擒获陈叔宝，果应了"擒虎"之名。后来突厥使者来朝，杨坚问道："你听说过江南有个陈国天子吗？"突厥使者回答说："听过。"杨坚于是命侍卫引导突厥使者到韩擒虎面前，说他就是擒获陈国天子的人。韩擒虎瞪眼回顾使者，突厥使者害怕得不敢抬头看他。由此可见韩擒虎威风凛凛，英气逼人，有大将风度，望之令人生畏。

韩擒虎病重时，邻居家有一个老母，在梦中看见擒虎门下仪卫十分壮观，犹如帝王一般，很为诧异。于是问卫士，卫士回答说是来迎接王爷的，老母想详细询问到底是什么王爷，忽然仪卫就不见了。又有一个人病重，突然惊慌失措跑到擒虎家里说要见王，守门的人很奇怪，心想我们主公韩擒虎只被封为新义公，并没封为王，哪里有什么王爷，于是问："何王也？"那个人答道："阎罗王。"擒虎的手下想揍那人，擒虎阻止，说："生为上柱国，死为阎罗王，这对我来说已经很满足了。"过了几天，擒虎就死了，享年仅五十五岁。现在民间还流传着韩擒虎死后在地下为阎罗王的传说，并且民间的阎罗王画像相传即是描绘韩擒虎的面相，因此特别有威容。

因苏威被免职，杨坚不久就擢任内史令杨素为尚书右仆射，代苏威与高颎共理朝政。苏威不久又复拜纳言，但信任已远不如初。

杨素性情粗疏，善于雄辩，在朝臣里面，他推崇高颎，敬重牛弘，厚待薛道衡，但是很看不起苏威，认为其"有名无实，志大才疏"，其他朝中贵臣，多被杨素欺凌侮辱。杨素的"才艺风调"优于高颎，但是为人"高下在心，任意独行"，论起推诚体国，处物平当，有宰相识度来，与高颎还相差很远。

杨素被提升为尚书右仆射，不料当时就惹恼了一个人，他就是右领军大将军、宋国公贺若弼。

贺若弼文才武略冠绝一时，再加上功勋卓著，自认为无人能比，按理苏威退应由自己继任尚书右仆射，现在反由杨素接替，便心怀不满，形于言色，经常口吐不逊之言，怨望朝廷。

杨坚也知贺若弼有文武才干，但为人性躁，不能容纳异己，难以承担国家重任。宰相是政府的中枢，非宽厚长者不能团结群僚，共济国难，因此虽然贺若弼从小就和高颎相熟友好，高颎也屡次向杨坚推荐贺若弼，但是杨坚都没有采纳，所以贺若弼终其身为右领军大将军，一直没得到升迁。

杨坚曾为了安抚贺若弼，赐陈叔宝之妹为贺若弼妾，另外珍宝玩好不可胜数，家里婢妾穿绮罗等华丽衣服的有几百人，但是贺若弼还不知足，现在又口出狂言，诽谤朝廷，攻击高颎、杨素是一对饭桶，只知道吃饭，不会做事。杨坚听到后很生气，于是质问贺若弼："我以高颎、杨素为宰相，你却常常扬言，说这二人只堪啖饭，究是何意！"贺若弼回答说："高颎是臣之故人，杨素是臣之小舅子，臣并知他们的为人，所以有上述言语。"高颎与贺若弼在北周时同为周齐王宇文宪王府记室，所以贺若弼称高颎为故人。贺若弼又娶杨素之姊为妻，所以称杨素为小舅子。

朝廷公卿奏贺若弼怨望，罪当处死。杨坚念贺若弼旧功，于是对贺若弼说："臣下守法不移，你可以自己寻找不被杀的理由。"贺若弼因此说道："臣依恃至尊您的威灵，带领八千精兵渡江，擒获陈叔宝，希望凭此能饶一命。"杨坚说："这已经格外重赏过了，不用再追论旧勋。"贺若弼又说："臣已受格外重赏，今还格外望活。"杨坚低头思索了很久，念贺若弼对国家立有大功，因此特令除贺若弼官籍，贬为庶民。但不久又复贺若弼爵位。

突厥使者来朝，杨坚很高兴，因此让使者射箭以取乐。使者一箭即中靶心。杨坚叹息道："非贺若弼无以当此。"于是命贺若弼射箭。贺若弼连发三箭皆中靶心，并且后箭击中前箭，箭箭相属，突厥使者也叹为观止，赞赏不已。杨坚大喜，回头对突厥使者说："此人，天赐我也！"

贺若弼向来很自负，杨坚次子杨广，即后来的隋炀帝，在任藩王时曾问贺若弼："杨素、韩擒虎、史万岁，都被称为良将，这三人到底谁最优，谁最劣？"贺若弼回答说："杨素是猛将，不是谋将；韩擒虎是斗将，不是领将；史万岁是骑将，不是大将。"杨广于是追问："那么大将是谁？"贺若弼假称由殿下您自己选择。贺若弼的意思是杨素、韩擒虎、史万岁都比不上自己，不配称大将，只有自己文武双全，又有谋略，名副其实，是个智勇兼备的良将之才。

贺若弼后来旧病复发，开皇九年（589），杨坚到仁寿宫避暑，宴请王公大臣，命贺若弼作五言诗，辞意愤怨，杨坚当时没有追究，没想到后来贺若弼又因事被关入监狱，于是杨坚很生气，责备贺若弼有"三太猛"，一是嫉妒心太猛，二是自是、非人心太猛，三是无上心太猛。第二天朝堂上，杨坚在群臣面前指责贺若弼："贺若弼在将伐陈时，对高颎说：'陈叔宝可平也，不作高鸟尽、良弓藏之想吗？'高颎说：'一定不会这样。'等到平陈之后，又挟功想当内史令，还想当尚书右仆射。我对高颎说：'功臣只可以授勋官，不可使参与朝政。'贺若弼于是又对高颎说：'皇太子对我很信任，出口入耳，无所不尽，你能意料到以后一定用不着我贺若弼吗？为什么总是这样冷待我呢？'想要出镇广陵（今江苏扬州），又想谋居荆州（今湖北江陵），都是作乱之地，意图终不肯改。"贺若弼当时羞愧得无地自容。皇太子即杨勇，他对贺若弼向来很看重。当时高颎尚未与杨勇结为亲家，因此贺若弼对高颎说，如果他以后想接近杨勇，一定会有需要他贺若弼的时候，因为杨勇是未来的隋朝皇帝。

三、谏建仁寿宫

杨坚因为长安城宫室简陋，于是命令杨素负责营建仁寿宫于岐州（今陕西岐山县境）北面。杨素荐举前莱州刺史宇文恺为检校将作大匠，杨素右宰相府记室封德彝为土木监。宇文恺是宇文忻之弟，也就是先前负责修建新都大兴城、开漕渠的当时巧匠。后来调任莱州刺史，在州号称"能吏"。宇文忻谋反被诛，宇文恺也受到牵连，被除官在家，长久得不到调迁、任用。现在杨坚营建仁寿宫，访求能人，于是杨素荐举宇文恺，担任工程总体规划与设计施工工作。

封德彝是东魏高欢的佐命元勋、尚书右仆射封隆之的孙子，本名伦，字德彝，以字行。家里本是河北望族，渤海郡（今河北沧州附近）人，曾经随从杨素击破江南高智慧叛乱。

杨素恃才放旷，经常凌辱朝臣，唯独很欣赏封德彝，经常与封德彝论议朝中大事，终日不知疲倦，曾经指着宰相座位说："封郎必当据吾此座。"高智慧逃入东海，杨素一直追赶到海边。封德彝在后面负责军队后勤供应、辎重运输，途中不小心落入水中，被手下人营救才幸免于难。这时杨素派人来请德彝到前军议事，封德彝于是脱去湿衣服，换上新衣去见杨素，谈话中丝毫不提及自己曾经落水之事。杨素还是后来从士兵口中得知，因而更加赞叹封德彝临危不乱，镇定自若，度量非凡，确实有宰相的气度。

封德彝既然受命负责监造仁寿宫，于是强迫民丁十多万人开山凿谷，兴建宫殿。楼阁台榭，一栋接着一栋，官府的监工督役严急，工匠死了很多，宫殿旁边夜晚常能听到鬼哭之声。凡是工匠有死亡的，都推入土坑中，盖上泥土，在上面兴造宫室楼台。一时间，民间怨声载道，死亡的民夫数以万计。

仁寿宫还没有建成时，杨坚曾经派高颎前往探视。高颎本来就不赞成建仁寿宫，等到了岐州，仔细巡察了一番之后，所见无非是死尸遍地，民丁都劳顿不堪，伙食又很差，因此深表同情，对民夫的这种遭遇感到于心不忍，于是回京后向杨坚奏称兴建仁寿宫"颇伤绮丽，大损人丁"，希望杨坚下令停止建筑，以息民力，长养万民。

杨坚听报后也大为吃惊，很不高兴。于是亲自驾临仁寿宫，观看实情究竟如何。

这时正好是盛暑季节，天气炎热，民夫劳累、染疫死的，道路上处处可见。杨素怕杨坚看见对自己不利，于是命令焚烧尸体，尸体被烧的焦臭味在很远就能闻到。

杨坚在路上已得知杨素焚尸事，更加气愤。等到了仁寿宫，见宫殿建得壮丽无比，于是大怒道："杨素殚尽民力制造离宫，为我结怨于天下！"杨素听后大为惶恐，害怕文帝贬黜自己，慌忙中不知道怎么办，因此向封德彝请教。封德彝于是劝杨素暗中派人对独孤后说："帝王法有离宫别馆，今天下太平，造此一宫，何足损费！"并贿赂独孤后各种珍宝奇玩，独孤后答应帮杨素说些好话，以解脱杨素的困境。

第二天，文帝召杨素入宫问话，杨素很害怕，封德彝却说："公勿忧，等皇后来了，必定有恩诏。"杨素进宫后，杨坚脸色很难看，着实斥责了杨素一通，这时独孤后从旁劝解，安慰杨素说："公知吾夫妇年已老，没有什么可娱乐的，因此盛饰此宫，岂非忠孝！"杨坚脸色方才转晴，和悦了许多。于是赐杨素钱百万，锦绢三千段，拜宇文恺为仁寿宫监，负责仁寿宫日常管理，加授仪同三司，不久又升为将作少监，擢封德彝为内史舍人。高颎屡次谏阻，杨坚不听。从此，杨坚夫妇常常驾幸仁寿宫。

这时又有一个高颎的死对头，齐州刺史卢贲，因为趁岁旱民饥、米价暴涨，不让百姓卖米，自己却用官仓的米卖出赚钱，被人揭发，因此被贬官为民。

卢贲是北周开府燕郡公卢光之子，卢辩之侄。"略解书记，颇精钟律"，与杨坚是儿时好友。开皇元年（581）与刘昉、元谐等人谋划取代高颎、苏威执政，事情败露后被贬为庶民，不久又重新起用为检校太常卿，倡议用黄钟作为宫律的主调，都被杨坚采纳。后又迁任齐州刺史，还曾弹劾高颎，文帝没加理睬。现在又因妄粜官米事被除官籍，免为平民。

杨坚于是对卢贲说："我始为大司马时，卿布腹心于我。等到我为宰相，总百揆，卿频繁在我左右，我与卿足为恩旧，卿如果没有过错，位与高颎齐。"又对群臣说："我将给卢贲一州相遣，观此不可复用。"

太子杨勇因卢贲曾做过自己的东宫僚属，因此劝谏杨坚说这些人都有佐命元功，虽然"性行轻险"，但是不可以轻易舍弃。杨坚于是说："我抑屈他们，是为了保全他们的性命。没有刘昉、郑译、卢贲、柳裘、皇甫绩等人，那么我不可能有今天。但是这些人都是反复无常的小人。在周宣帝时，靠无赖得宠。等到周宣帝病重，颜之仪等人请求让宗室亲王辅佑幼主静帝，而这些反复无赖之人假托遗诏，让我受顾命辅政。我受禅即位后，将好好治理国家，这些人又来捣乱。所以刘昉谋大逆于前，郑译为巫蛊于后。其他像卢贲之徒，都不满志。任之则不逊，远之则怨，是自己令人难以相信，不是我舍弃他们。你们大家见此情形，或者私下议论，认为我对待功臣刻薄，其实不是这样。"卢贲从此被废于家，不再受任用，不久就死了，享年五十四岁。

四、举贤援能

高颎识才、爱才，善于发现并荐拔人才。凭着一片赤心，努力为国家发掘卓荦不群之人才，为封建制度的巩固服务。

平乡县令刘旷，性情"谨厚"，经常用诚恕待人接物。县民有到官府打官司的，就用义理启发引导，不加指责，使各自反省己过，从自己内心寻找导致争讼的原因，然后互相和解散去。他所得的俸禄都赈济施舍给了穷苦之人，县里百姓都非常感激他的恩德，于是都互相勉励，说："有君如此，何得为非！"在职七年，风教大化，监狱里面荒草丛生，没有犯人，县衙门可罗雀，争讼消失。等到罢官卸任，县里吏民没有老少的区别，都沿道哭泣，一直送行到几百里外。刘旷后又为河南临颍县令，"清名善政"，为天下第一。高颎早闻刘旷名，深为赞叹，因此向杨坚提及。杨坚于是召见刘旷，慰劳道："天下县令固多矣，卿能独异于众，良足美也！"又对群臣说："若不加以重奖，何以为劝！"于是下诏，拜刘旷为莒州刺史。

秦州总管录事参军房彦谦，为唐初名臣房玄龄之父。"恢廓闲雅，风概高人"，又"雅有词辩，深达政务"，所交结的都是当时知名雅谈之士，如薛道衡、王劭、高孝基、李纲、柳彧、张衡、卢恺等，他们都一致认为房彦谦前途远大，不可以臆测。房彦谦也慨然有澄清天下、荡涤宇宙之志。在任秦州总管录事参军期间，"清简守法，执志不挠"。

转眼到了岁末，房彦谦因为上报当年秦州赋税情况，带着州里的上计簿进京。当时高颎负责确定各州官吏治绩的考课，以定出吏治等级。高颎早就听说彦谦之名，因此特意趁此机会向彦谦问及考绩之事。

房彦谦于是对高颎说："《尚书》称'三载考绩，黜陟幽明'，从尧舜以来，代有其法。黜陟合理，褒贬得当，便是进贤退不肖。如有乖谬，那么法就等于是虚设了。近来见各州考校官吏，爱憎随意，清介孤直，未必有高名，卑谄巧佞，反而考绩居上等。这只是因为真伪混淆，是非错乱。负责考绩的人也不斟酌取舍，曾经在自己手下干过的，多因熟识被提升，没有在台省供过职的，则因为无人了解被贬退。所以考绩欲求允当，不是一件容易事。明公您鉴达幽微，平心待物，这次您负责考校，必定无阿枉。但是前面鄙人说的几种情况，不知您想怎样裁决？希望您远布耳目，精加采访，褒秋毫之善，贬纤介之恶，非直有光至治，亦足标奖贤能。"

房彦谦慷慨疾言，高颎连连称是，于是又问河西地区（秦州属河西管辖的区域）吏民的善言美行，彦谦应对敏捷。高颎于是回头对各州总管、刺史说："与公等言，不如独与秦州考使语。"

高颎后来对杨坚提及房彦谦上述言语，杨坚不能采纳。彦谦后又任河南长葛县令，很受县民爱戴，百姓称为"慈父"。文帝仁寿年间，派使者持节巡行州县，察长吏才能，以彦谦为天下第一。超授都州司马，长葛县民号呼相对说："房明府今去，吾属何用生为！"彦谦走后，长葛县吏民思念彦谦旧恩德，立碑颂扬。彦谦后来官至司隶刺史，"直道守常，介然孤立"，凡有荐举多是人伦楷模，百官典范，有所弹劾，被弹劾的人却毫无怨言。

起初，平陈之后，天下统一，人们都认为天下将致太平，只有房彦谦不敢苟同，私下对好友赵郡人李少通说："主上性多忌克，不纳谏争，太子卑弱，诸王擅威，在朝唯行苟酷之政，来施弘大之体。天下虽安，方忧危乱。"少通开始时不同意，后来彦谦之言果验。

彦谦子玄龄也对其父说："主上本无功德，以诈取天下，诸子都骄奢不仁，必自相诛灭。今虽承平，其亡可翘足而待。"玄龄少有异表，吏部侍郎高孝基号称有知人之智，一见玄龄就叹美道："仆阅人多矣，未见如此郎者，异日必为伟器，恨不见其大成耳。"后来孝基言果验，玄龄成为唐朝开国功臣。

高颎礼贤下士，凡是士人有高才异行的，都厚加礼遇、虚心尊重，不敢怠慢。

相州刺史樊叔略，政事为当时第一，百姓称赞道："智无穷，清乡公；上下正，樊安定。"樊叔略本来爵位是清乡县公，后晋封为安定郡公。由相州刺史征为司农卿，凡有种植都有不同的规划，往往出人意表。又参与九卿议事，朝廷公卿有事凝滞不决的，叔略都代为评理，虽然叔略没读过很多书，"素无学术"，但是师心独见，常常暗与理合。高颎非常推重叔略，屡次向杨坚荐及，所以叔略能由相州刺史超迁为司农卿。

周武帝女婿阎毗心灵手巧，"多技艺，尤善画，为当时之妙"。又熟悉旧事，精通典故，任车骑将军，宿卫东宫。杨坚曾派高颎阅兵于龙台泽，各军部伍多不齐整，只有阎毗一军，法制肃然。高颎对杨坚提及，于是让阎毗兼任太子宗卫率长史。

阎毗经常用雕丽之物取悦太子杨勇，杨勇后来被废，阎毗的错误引导有一定责任。阎毗属于有才无德之辈，可惜高颎没有察觉到。其实这也可以理解，孔子尚且会错看宰我，就不用说高颎了。但是他的爱才、惜才之心，炯然可见。

范阳人卢昌衡，小名龙子，"风神淡雅，容止可法"，与堂弟卢思道在卢氏宗族中都号称"英妙"。因此幽州（州治范阳，今北京）为之赞道："卢家千里，释奴龙子。"释奴为卢思道小名。昌衡后来官至尚书祠部侍郎。

杨坚曾大会群臣，命臣下自陈功绩，其他人都争先夸口，只有卢昌衡一无所言，高颖看到后，大为赞赏。苏威也称叹道："卿德为人表，行为士则。"

卢昌衡又曾经路过浚仪（今河南开封），所乘的马被别人的牛用角触撞而死。牛的主人向昌衡道歉，请求赔偿马的价值。昌衡对牛主说："六畜相触，本是常理，与人无关，君为何道歉？"牛主坚持要偿还马价，昌衡拒绝不接受。昌衡性情宽厚，不喜与人争较，经常是这样。

河东人柳庄，本是后梁旧臣，隋灭后梁，柳庄随迁入长安。柳庄少有远量，明习旧章，雅达政事，又"博学，有识度，善辞令"。苏威为纳言时，看重柳庄的器识，曾经对杨坚说："江南人有学业的，多不习世务；习世务者，又多无学术。能兼之者，唯有柳庄。"高颖也很推重柳庄，几次向文帝推荐柳庄。因此后来柳庄累官至给事黄门侍郎。

尚书省曾经奏称有某人犯罪，依法当长流远徙荒远之地。但是杨坚却处以死刑。柳庄于是奏称："臣闻张释之有言，法者天子所与天下共也。现在法已这样，更加重，是法不信于民心。方今海内无事，正是示信之时，希望陛下思想释之之言，那么天下人就很幸运了。"杨坚当时没有答应。

高颎少年时即喜交结豪俊，推引贤能。所交结的同志友好太原人王韶、洛阳人元岩，都以骨鲠闻名于世，舆论认为二人的才能可与高颎相比，但鲠正刚直过于高颎，他们后来都因为高颎的荐举得以通显。另外薛道衡才名盖世，无人能比，这也与高颎的推崇很有关系。

高颎次子弘德从晋王杨广伐陈，为王府记室，平陈之役，弘德多有谋划。高颎将斩张丽华时，杨广曾派弘德劝阻，高颎不听。因为平陈有功，高颎晋封齐国公，弘德加封为应国公，高颎三子表仁袭父原爵为渤海郡公。一门三公，当时荣耀无人能比。

当时有规定，三品官以上，门都列戟。高弘德为国公，乃三品荣衔，上牒请门外列戟。治书侍御史柳彧上奏弹劾弘德说："仆射之子更不异居，父的戟槊已列门外。尊有压卑之义，子有避父之礼，岂谷外门已设，内阁又施！"此事于是搁置。

高颎听到后不但不怪罪柳彧，反而更钦重柳彧的人品。几次向杨坚推荐，因此后来柳彧官至员外散骑常侍，杨坚常说："柳彧正直士，国之宝也。"隋承丧乱之后，风俗颓坏，柳彧多有矫正。

五、东征高丽

高丽的祖先出自夫余，传说夫余王曾经掠得河伯之女，关在暗室内，不巧为日光所照，感而怀孕，十月怀胎，产一大卵，有一个男婴从卵中破壳而出，这就是高句丽的祖先朱蒙。

朱蒙长大以后，有雄才，夫余的群臣都暗中嫉恨朱蒙，请求夫余王杀死朱蒙。朱蒙的母亲此时正为夫余王宠姬，探知此事，于是密告朱蒙。朱蒙因此仓皇向东南方向逃走。途中碰到一条大江，深不可涉，这条江就是今日的鸭绿江。朱蒙于是向天祝告说："我是河伯外孙，太阳之子。现在有难，追兵将及，如何得渡？"说也奇怪，不久就有大群鱼鳖相衔接连成一座桥，于是朱蒙渡过鸭绿江，来到今朝鲜地界，在这里立邑建国，自号高句丽，以高为国王姓氏，都于丸都城（今朝鲜平壤）。

朱蒙死后由子闾达嗣位。闾达之子莫来兴兵攻打夫余，于是吞并其地。传至朱蒙裔孙高位宫，在魏正始年间（240—249）入侵曹魏辽东郡，被毌丘俭击退。位宫玄孙之子谥曰昭烈帝，被南燕慕容氏击败，慕容氏大兵攻入丸都城，焚烧宫室，大掠而还。昭烈帝不久就被百济人杀死。位宫曾孙高琏，遣使朝于北魏。高琏六世孙高汤，在北周时遣使朝贡，周武帝拜高汤为上开府、辽东郡公、辽东王。杨坚受禅即帝位，高汤又遣使到长安，于是杨坚晋授高汤大将军、高丽王。此后高汤每年都派遣使节到朝廷，贡献不绝。

高丽国东西长千余里，南北两千里，都于平壤城，国内也叫长安城，取长治久安之意。平壤城东西宽六里，随山建筑，蜿蜒曲折，南临浿水（今朝鲜大同江），又有国内城（今朝鲜开城）、汉城，都是大都会，国内称为"三京"。高丽国东与新罗接界，西面越过辽河，北边邻接靺鞨，南面就是百济，与新罗国经常互相侵略，战争不止。

高丽人大部分都是本地土著，随山谷而居，穿布帛与皮制成的衣服。其地多山，土田薄瘠，耕织不足以自给，因此当地人节饮食。

高丽官员有大对卢、太大兄、大兄、小兄、意侯奢、乌拙、太大使者、大使者、小使者、褥奢、翳属、仙人十二个等级，都是世袭。另外又有内评、外评、五部褥萨等。

高丽人喜戴折风皮冠，形状像弁，士人在皮冠上加插两根鸟羽。显贵者的折风皮冠叫苏骨，用紫罗制造，金银加以装饰。人们喜穿大袖衫、大口裤、白色皮带、黄色革履。妇人裙襦加襈。

高丽人颇有文化，书籍有"五经"、"三史"、《三国志》和孙盛《晋阳秋》等，都是由中国传入的典籍。"五经"即《诗经》《尚书》《礼记》《周易》《春秋》。"三史"即《史记》《汉书》《后汉书》。可见当时高丽人已在逐渐接受中国的优秀文化。

高丽没有成文法律，尚处在奴隶制后期，只有一些约定俗成的严酷的不成文法律。史载其刑罚："叛及谋逆者，缚于柱上，爇而斩首。"相当于中国夏桀时的"炮烙"，用火烧红柱子烤人，惨烈令人发指。并且抄没罪犯家产。盗人钱物者则偿还价值相当于原钱物十倍的东西或金钱。贫穷不能偿还的以及欠公家私人债款的，听任债主搜捉欠债者的子女作为奴婢以偿之。

高丽乐器有五弦、琴、筝、筚篥、横吹、箫、鼓等，吹芦管来和曲。每年年初，高丽民众聚戏于浿水上，国王乘着腰舆观看。不久，国王从腰舆上下来，穿着衣服下到浿水中，人民分为左右两边，用水互相溅掷，喧呼驰逐，尽欢才散。

高丽风俗"好蹲踞，洁净自喜，以趋走为敬"，拜人的时候拖一脚在后，站立时多双手反拱于背后，行必摇手。"性多诡伏"，不分亲疏，父子同室而寝。

高丽俗多游女，夫无常人，夜则男女群聚相戏，没有贵贱之间的礼节。婚嫁，有男女相悦者即为夫妻。男家送猪与酒而已，无财聘之礼，如有受财聘者，一般人都觉得很耻辱，认为自己嫁女等于是在卖婢。

高丽葬礼：死者，棺材殡于暗室三年，择吉日良辰才下葬。高丽民服父母及丈夫丧，都是三年之期，服兄弟丧是三月。由此可见高丽人受中国儒家孝义观念的影响。鼓舞奏乐以送葬，埋葬后，取死者生时衣服玩好、车马置于墓侧，会葬的人争取而去。

高丽人"信佛法，敬鬼神，多淫祠"。全国有国家神庙两处：一是夫余神庙，夫余神被用木头刻成妇人之像，其实就是朱蒙的母亲、夫余王之妾、河伯之女。二是高登神庙，祭祀的是高句丽的始祖朱蒙，亦即夫余神之子。两处国家都设立官司，派人守护。

隋平陈后，高丽王高汤大为恐惧，练兵积粮，作抵抗的准备。

开皇十七年（597），杨坚赐高汤玺书说：

朕受天命，爱育率土，委卿王于海隅，宣扬朝廷治化，欲使圆首方足各遂其心。王每遣使人，岁常朝贡，虽称藩附，诚节未尽。王既人臣，须同朕德，但竟驱逼靺鞨，禁锢契丹。昔年潜行财贿，煽动小人，私自引诱弩手逃窜尔国，难道不是修理兵器、意图不轨？怕外间闻知，所以盗窃。不然，太府工人，数量不少，王必需要，自可奏闻朝廷。我时命使者，抚慰王藩，本想问尔处人情风俗，教尔政术，王乃置朕使者于空馆，严加防守，有何见不得人之处，不欲人知。禁制官司，畏其访察？又数遣马骑，杀害我边人，屡施奸谋，心在不宾。

朕待苍生悉如赤子，赐王土宇，授王官爵，深恩殊泽，彰著远近。王专存不信，常自猜疑，每遣人密探消息，纯臣之义难道竟是如此？今日以后，王之愆过，一并宽恕，以后必须革面改过，守藩臣之节，奉朝廷正典，自化尔藩，勿忤他国，则长享富贵。彼之一方，虽地狭人少，然普天之下，皆为朕臣。今若黜王，不可虚置，终须更选官属，就彼处安抚。王若洒心易行，率由宪章，自是朕之良臣，何劳别遣才彦？昔时帝王作法，仁信为先，有善必赏，有恶必罚，王若无罪，朕妄加兵，其他藩国如何看朕！王必虚心纳朕此意，切勿疑惑，更怀异图。

往者陈叔宝恃长江之险，抄略我边境，残害我人庶，惛狂骄傲，不听朕言。故朕命将出师，旬月之间，荡彼凶逆。闻王叹恨，独怀悲伤。黜陟幽明，有司职责，罪王不因陈灭，赏王不因陈存，乐祸好乱究竟为何？王谓辽水之广何如长江，高丽之人多少陈国？朕若不存含

育，责王前怨，命一将军，何用多力？殷勤晓示，许王自新耳，宣悉

朕怀，自求多福。

高汤得书后大为惶恐，准备上表道歉，并亲自入朝请罪，却不凑巧得重病

死了。

高汤子高元继位，上表请罪，于是杨坚使人拜高元为开府仪同三司，袭爵

辽东郡公，并赐衣一领。高元回书谢恩，并贺祥瑞之现，又请求封王，杨坚伏

诏封其为高丽王。

但是高元得寸进尺，不自量力，不久就率领靺鞨之众万余骑寇辽西郡，韦

世冲时为营州总管，率军击退高元军。文帝听报后大为愤怒。韦世冲是韦孝宽

之侄，容貌俊雅，有辞辩，宽厚得众心。在营州总管任上怀抚靺鞨、契丹，都

能得其死力，奚、霫畏惧，朝贡营州不绝。因此此次高元挟持靺鞨人入寇，世

冲能击退。

开皇十八年（598）三月，杨坚命幼子汉王杨谅与上柱国、荆州总管王世

积并为行军元帅，高颎为汉王府长史，宇文弼为汉王府司马，张渊、宇文弼为

行军总管，李景为马军总管，从陆路伐辽。周罗睺为水军总管，从东莱率水军

泛海攻平壤。共计水陆大军三十万，大举伐高丽。

伐辽之初，高颎以为时方初春，雨水尚多，且春季易生疫病，远征他国，恐水土不服，疫疾更甚。又春季海上多风，故水路也不通，征辽必不捷。

杨坚一意孤行，不采纳高颎的建议。因为汉王谅尚年少，不晓兵事，而高颎有文才武略，"性强明，习兵事，多计略"，又数参兵戎，前曾伐突厥、平陈国，通达军事。因此命高颎为汉王谅元帅府长史，专掌军旅之事，宇文弼佐之。宇文弼是河南洛阳人，慷慨有大节，博学多通，仕周为礼部上士，奉诏修定《五礼》，累擢少吏部，拔八人为县令，都有异绩，当时以为有知人之鉴。周武帝平齐，上攻汾曲策，又募三辅（长安附近）豪侠少年数百人以为别队，从武帝攻下晋州（今山西临汾），身中三创，苦战不休，武帝奇而壮之。开皇初年，为尚书左丞，当官正色，为百僚所惮。平陈之役，为行军总管，与刘仁恩谋破陈将吕仲肃。后任刑部尚书，领太子杨勇虞候率。

杨坚曾亲临释奠，命宇文弼与国子博士论议祭祀礼节，宇文弼词致清远，观者注目。杨坚大喜，回头对群臣说："朕今睹周公之制礼，见宣尼之论孝，实慰朕心。"后又代王韶为并州总管长史。

宇文弼与高颎在周时即相熟友善。高颎在周任内史下大夫时，宇文弼为内史都上士，是高颎部下，两人合作融洽，关系良好。现在东征高丽，两人再次合作，和衷共济，同谋伐辽。

汉王谅率军出临渝关（今山海关），这时候正好连日暴雨，河水大涨，道路泥泞，粮食输送跟不上，士兵饿着肚子继续行军。大军到达辽水，又碰上疫病蔓延，兵士本已水土不服，连日呕吐，不能下食，这时偏又遇到疫病，更无抵抗力，纷纷染病，死者遍地。活着的也虚弱无力，不堪战斗。

汉王谅无法，只好率军班师而还，生还的还不到十分之三。与高元军未经交战，已然败还，损失惨重，正应了高颎之言，可见高颎见识卓越，有先见之明，只可惜杨坚不听高颎之言。

水军总管周罗睺率领水军从东莱渡海攻高丽首都平壤城。途中遭遇海上季风，船只多被风暴吹散，不成营伍，没到平壤就已经师溃而还，损失船只大半。周罗睺，字公布，是九江郡寻阳人（今江西九江市郊），年少时善骑射，好鹰狗，任侠放荡，叔祖父周景彦警告罗睺说："我们周家世代恭谨，汝独放纵，难以保家。汝应慎之。"陈后主时罗睺为太子左卫率，陈叔宝非常信重罗睺，常说："周左率武将，诗每前成，文士何为后也？"都官尚书孔范回答说："周罗睺执笔制诗，还如上马入阵，不在人后。"晋王杨广伐陈，擒陈叔宝，罗睺当时镇守长江上游，不肯投降，杨广命叔宝手书命罗睺投降，罗睺向东大哭三月，方才降隋，贺若弼后来对罗睺说："闻公郢、汉捉兵，即知扬州可得。王师利涉，果如所量。"罗睺答道："若得与公周旋，胜负尚未可知。"陈将羊翔先降隋，为隋军向导，平陈后官至上开府，位在罗睺上。韩擒虎于是在朝堂上戏罗睺道："不知机变，位在羊翔之下，能无愧吗？"罗睺答道："昔在江南，久承令问，谓公天下节士。今日所言，殊非诚臣之论。"韩擒虎有愧色。

杨坚后思高颎之言，也觉兵败非诸将之过，自己实在负有不可推卸的责任。于是从征诸将都从宽处理，不加重罪，只有马军总管李景因贻误军机被配事汉王谅。并以张渊所率一军独无所损，而他军多丧失大半，于是加以重奖，赐帛二百五十段。

李景，字道兴，天水休官人。容貌奇伟，膂力过人，美须髯，骁勇善射。参与平定尉迟迥之乱，以功晋位开府，赐爵平寇县公，食邑一千五百户。开皇九年（589），以行军总管从王世积伐陈，高智慧作乱江南，又以行军总管从杨素击平。伐辽败还，按法当斩，杨坚奇其状貌雄武，命令李景脱衣袒臂观看，叹道："卿相表当位极人臣。"于是特免死，配事汉王。

张渊，字文懿，自称本是清河人（今河北清河），后迁于江苏淮阴。好读兵书，尤善于使用刀盾，少以勇决知名。贺若弼镇守广陵（今江苏扬州），张渊常为间谍，往来探听陈国消息。平陈之后，以功封文安县子，晋位开府仪同三司，食邑八百户，赐物两千五百段，粟两千五百石。后征入朝，拜大将军，杨坚引张渊上御座，并对张渊说："卿可为朕儿，朕为卿父，今日聚集，示无外也。"后来又赐给张渊绮罗千匹，绿沉甲、兽纹具装。后又从杨素破高智慧于会稽（今浙江绍兴）、吴世华于浙江临海。晋位上大将军，赐奴婢六十口，缣彩三百匹。

高元虽然侥幸得胜，但已被吓破了胆，遣使上表请罪，称自己为"辽东粪土臣元"，厚自贬薄，文帝于是罢兵，与高元重修旧好，待之如初。高元也照旧每年派人朝贡并庆贺佳节。

百济王扶余昌遣其长史王辩那来朝献土特产，正好碰上辽东之役，于是上表请为军中向导。杨坚不答应，说往年是因为高丽不供职贡，无人臣礼，所以命将讨伐。现在高元君臣既已畏服归罪，朕也已经下令赦免，不可再伐。因此厚待王辩那而遣还。

伐辽之役，高颎为汉王谅元帅府长史，专掌军事。高颎以为自己责任重大，每怀大公无私之意，也不顾旁人的猜疑妒忌。汉王谅的话多不被采用。

汉王谅甚为恼火，认为高颎轻其年少，目无上级。大军还后，杨谅私下对独孤后边哭边说："儿幸免高颎所杀！"

杨谅是杨坚最小的儿子，与杨勇、杨广等同为独孤后所生，但因其年纪最小，所以最受杨坚夫妇宠爱，所言多听。这次派杨谅为行军元帅，是希望杨谅能立得一功半勋，以便加以封赏。现在无功而还，独孤后就想把罪过推到高颖身上，以脱杨谅之责。这时又听到杨谅哭诉，独孤后大为愤懑，于是对文帝说："高颖本不欲行，陛下强遣之，妾早知他必将无功而还！"

杨坚听后也觉高颖此行很勉强，可能挟怨故意败坏其事，所以专权恣肆，不听谅言。虽然不一定敢杀杨谅，但可能威吓过。杨坚性情猜忌，故连高颖这样忠心耿耿的诚臣也难免被猜疑。从此，杨坚对高颖暗怀疑忌，不再像以前那般信重高颖了。

六、再伐突厥

开皇七年（587），沙钵略可汗临死前，认为自己的儿子雍虞闾性识庸懦，遗命由其弟叶护处罗侯继任可汗。

雍虞闾派人迎接处罗侯，要立他为可汗。处罗侯不肯，说："我突厥自木杆可汗以来，多以弟代兄，以庶夺嫡，失先祖之法，不相敬畏。汝当嗣位，我不惮拜汝为主。"雍虞闾又派人对处罗侯说："叔与我父，共根连体，我是枝叶。宁有我作主，令根本反同枝叶，令叔父之尊下我卑稚！又亡父之命，岂可废乎！愿叔不要疑惑不决。"相让五六次，处罗侯无奈，只好继位为可汗，以雍虞闾为叶护。处罗侯是为叶护可汗。

处罗侯长脸驼背，眉目疏朗，勇而有谋。即位后不久就西击阿波可汗，竟生擒阿波，于是上书朝廷请求如何处理阿波。杨坚命群臣各抒己见。高颎进说："骨肉相残，教化之蠹。应存养以示宽大。"杨坚于是命免阿波之死。高颎因此捧着酒杯上前祝贺道："自轩辕黄帝以来，北边胡虏多为边患。今远至北海，都臣服我朝，这是亘古未有的盛事，臣因此敢再拜上寿。"

后来处罗侯又西征，中暗箭而死。突厥民众感雍虞闾让位之义，于是又奉雍虞闾为主，称为都蓝可汗。都蓝遣使到朝廷，告已继位，以后每年派人朝贺并贡土物。

平陈之后，杨坚把缴获的陈叔宝屏风赐给突厥大义公主。大义公主就是前面提到的千金公主，北周赵王宇文招之女。沙钵略降隋，公主请改姓，于是杨坚赐公主姓杨氏，编入宗室属籍，改封为大义公主，嘉其大义灭亲，归顺朝廷。

大义公主接到陈叔宝屏风后，由陈国灭亡想到自己的故国北周被禅代，自己的宗族宇文氏几乎被杨坚杀光。又远嫁异域，改姓仇人之姓，现在又由沙钵略可贺敦变为都蓝可贺敦，下嫁其子，都蓝虽非自己亲生，但按照传统的汉族道德观念来说的话，也够令人羞耻的了。因此大义公主百感交集，悲从中来，既感伤自己的身世坎坷，又悲叹未来的前途未卜，于是在屏风上题诗，叙陈亡自寄，其辞道：

盛衰等朝暮，世道若浮萍。荣华实难守，池台终自平。

富贵今何在？空事写丹青。杯酒恒无乐，弦歌讵有声！

余本皇家子，飘流入虏廷。一朝睹成败，怀抱忽纵横。

古来共如此，非我独申名。唯有《明君曲》，偏伤远嫁情。

后来汉人杨钦逃入突厥，诈言彭国公刘昶派他来，想要和大义公主共同谋划反隋。刘昶是北周女婿，妻姓宇文氏，所以大义公主相信杨钦，于是把刘昶谋反事密告都蓝可汗，都蓝从此不再上贡。

杨坚不久得知公主所写之诗，愤怨毕露，很生气，于是对待大义公主赏赐渐少。刘昶事情败露被诛，透露出与公主里应外合之事，杨坚于是派车骑将军长孙晟出使突厥，侦察实情。

公主见到长孙晟，很不礼貌，口吐狂言，又和姘夫胡人安遂伽、杨钦共同煽惑都蓝，因此都蓝对待长孙晟很冷淡。长孙晟回到长安后，把公主与杨钦的情况如实奏上。

杨坚于是又派长孙晟到突厥索要杨钦，都蓝不肯交出杨钦，说："检校客中，无此色人。"长孙晟暗中贿赂突厥显贵，知道杨钦藏身之处，半夜派人突袭捕获杨钦，第二天把杨钦出示给都蓝可汗看，都蓝无法，只好让长孙晟把杨钦带走。

大义公主又派人与突厥西面可汗泥利联结，杨坚怕公主为变，欲图不轨，因此下诏令都蓝可汗废黜大义公主，都蓝不肯。杨坚于是派奇章公牛弘带着美貌女伎四人到突厥去引诱都蓝可汗，以便达到目的。

这时，突厥北面小可汗突利派使者求婚于隋。突利可汗本名染干，是叶护可汗处罗侯之子，都蓝继立为可汗，染干不服，经常与都蓝发生冲突，都蓝为了安抚染干，于是命染干居北方，分王北边，为突厥小可汗。

杨坚于是派裴矩对突利可汗说："当杀大义公主，方许婚。"突利答应。裴矩又自请出使都蓝，必使都蓝杀大义公主。裴矩到了突厥，向都蓝提及大义公主与身边胡人安遂伽私通之事，都蓝前曾听长孙晟说过，但不怎么相信，这时突利可汗又从旁揭发公主与安遂伽阴事，证明实有其事。消息传开，国人也大感羞辱，因此都蓝可汗大怒，在大帐中杀死公主与安遂伽。

裴矩，字弘大，河东闻喜人（今山西闻喜），在襁褓中父亲就死了，长大后好学，颇爱文藻，有智数。叔父裴让之常对裴矩说："观你的神识，足成才士，欲求官达，当资干世之务。"裴矩于是才开始留情世事。伐陈之役，为晋王杨广元帅府记室，既破丹阳，与元帅长史高颎同收陈图籍。后来俚帅王仲宣在岭南作乱，裴矩当时正奉诏巡抚岭南，杨坚以兵戎起，诏令裴矩还京。裴矩不肯，上表请速进，于是和大将军鹿愿斩其将周师举，王仲宜害怕投降，裴矩绥集岭南二十余州，又承制署其渠帅为刺史、县令。事定回报，杨坚大喜，命令裴矩上殿，亲自慰问劳苦，并回头对高颎、杨素说："韦洸将二万兵，不能早度岭，朕常担心他兵少。裴矩以三千敝卒，直至南康，有臣如此，朕亦何忧！"以功拜裴矩开府，赐爵闻喜县公。现在又计杀公主，功劳不小。

都蓝杀死公主后，也上表请婚于隋。杨坚准备答应，朝臣也大都赞同。唯独长孙晟不赞成，说道："臣观都蓝，反复无信，只不过与达头可汗不合，所以依倚国家。纵与为婚，终当复叛。今若得娶公主，承借主上威灵，达头、突利必受其征发，强而更反，后恐难图。况且突利乃处罗侯之子，素有诚款，于今两代。臣前与突利相见，也请求通婚，不如答应。招令南迁，兵少力弱，易于抚驯，使敌都蓝，以为边捍。"

杨坚认为很对，于是派遣使者安慰突利可汗并答应嫁以公主。都蓝可汗得知，大为愤怒，说道："我大可汗，反不如染干！"于是发兵攻隋边境，边疆警报频传。

开皇十七年（597），突利可汗派人来迎接隋朝公主。杨坚命太常寺负责招待突厥使者，并派人教使者学习六礼，尤其是婚丧嫁娶的礼节，之后才嫁宗室女安义公主于突利可汗。突利遣五百骑兵来迎接。

杨坚想离间突厥，所以特别加厚聘礼，派太常卿牛弘、纳言苏威、民部尚书斛律孝卿先后为使者出使突厥。突厥前后派来朝廷的共有三百七十批。

突利本来居住在大漠以北，因为娶安义公主的缘故，现在南迁于度斤旧镇。都蓝可汗更加嫉恨，经常来侵犯边境，突利常常事先得知，所以边疆总是早有防备。

开皇十九年（599），都蓝可汗暗中制造攻城器具，准备攻打大同城（今山西大同）。此事被突利可汗派人侦察得知，于是通过长孙晟密报朝廷。

杨坚知道后大为愤怒，于是又以汉王杨谅为行军元帅，统率六总管兵进击突厥。由高颎率将军王詧、上柱国赵仲卿从朔州道出击，杨素率柱国李彻、上仪同三司周罗睺、柱国韩僧寿从灵州道出击，上柱国燕荣从幽州道出击，兵分三路，合击突厥，统归汉王谅节度。

都蓝闻知，与达头可汗联兵共攻突利，尽杀突利兄弟子侄，与突利大战于长城下。突利大败，部落逃散，突利与长孙晟独以五骑趁着夜幕南奔。到了早晨，日行一百多里，途中收得百余骑兵，突利于是与其部下谋划道："今兵败入朝，一降人罢了，大隋天子难道还礼重我吗？达头本与我无冤无仇，若往投靠，必定会收留我。"

长孙晟早知突利怀有二心，于是密遣从者先入伏远镇，令镇上人速举烽火。突利见镇上四烽俱发，问长孙晟城上为何燃烽。长孙晟骗突利说："城高地迥，必遥见贼来。我国家法，若贼少举二烽，来多举三烽，大逼举四烽，今见贼来多且近，故举四烽。"

突利可汗大为恐惧，对麾下士卒说："追兵逼近，且暂入城。"突利部众既已入怀远镇，长孙晟留突利部下达官执室代领其众，自己带领突利快马入朝。

杨坚大喜，进授长孙晟左勋卫骠骑将军，持节护突厥。长孙晟遣使者探视都蓝，知其牙帐内屡有灾变，夜见赤虹，光照数百里，天狗陨落，雨血三日，流星坠于营内，有大声如雷。每夜自相惊恐，言隋师将至。可见突厥军心动摇，易可击败，因此上奏杨坚，更坚定了杨坚彻底击败突厥的决心。

都蓝可汗弟都速六弃其妻儿，与突利同归顺朝廷，前后突厥男女至者万余口。杨坚命人与突利、都速六樗蒲赌钱，多输给宝物以安慰他们。

都蓝派遣使者因头特勤入朝辩诬，称本无欲攻大同事，事乃突利虚造，请圣上明鉴。杨坚命突利在朝堂上与因头特勤辩诘，突利辞直，杨坚于是照旧厚待突利，遣因头特勤返国。

高颎率军从朔州道经白道川出击突厥，上柱国赵仲卿为前锋，领兵三千到达族蠡山，与突厥兵相遇，仲卿奋勇进击，与敌兵血战七日，大破突厥。突厥遁走，仲卿一直追击到乞伏泊，又大破敌兵，俘虏一千多人，缴获牲畜以万计。不久突厥引大军而至，仲卿虽孤军深入却毫不畏惧，自为方阵，与士卒四面拒敌。

五天后，高颎率隋军主力方至，与赵仲卿合击突厥。突厥大败逃走。高颎率军直追过白道川，越过秦山，又进击七百多里，并想进入大碛继续追击。

这时杨坚对高颎信任已不如前，以高颎久率大军出征于外，屡有战功，恐其复立大勋，功高震主，将来不可复制。本以高颎前曾出击突厥，熟悉虏情，又习兵事，多谋略，所以此次北伐突厥委高颎以重任。但是杨坚性刚愎猜忌，又恐高颎入碛后与突厥讲和，挟伐辽旧怨与突厥连兵反隋，夺己帝位。当然这在别人看来是绝对不可能的事，但杨坚却会这么想。加上侍从近臣频频言高颎欲谋反，三人成虎，不容杨坚不信，于是杨坚连下急诏，命高颎率兵班师。

高颎本想进入大碛，一举荡平朔漠，肃清突厥遗患，不料事与愿违，谗言横生，高颎无奈，只好班师而还。杨坚佯加褒赏，抚慰备至，实已面合心离。但因高颎谋反无据，所以暂时搁置，不加追究。

赵仲卿是天水陇西人，父赵刚，在北周官至大将军。仲卿性情粗暴，有

膂力，在周时很受齐王宪礼重。开皇初年，参与平定王谦之乱。开皇三年，以

行军总管从河间王杨弘出贺兰山击突厥。当时杨弘与高颎、窦荣定等并为行军

元帅，因功晋爵河北郡公。后来拜为石州（今山西离石）刺史，法令严猛，纤

微过失，无所容舍，鞭笞州县长吏，动至二百杖。官民战栗，不敢犯罪，合境

盗贼消失。后又拜朔州（今山西朔县）总管，总管塞北屯田之事，事情稍有办

得不合理的，就召其主掌，挞其胸背，或者脱掉衣服倒悬在荆棘之中，使人痛

苦不堪，只好服罪。当时人称仲卿为"猛兽"，《隋书》也把赵仲卿列入《酷吏

传》中。但是仲卿为政虽残酷，事情也多因此告成，塞北屯田收获颇丰，边境

戍守无乏粮之忧。

突利可汗窘迫投隋，入通汉镇。赵仲卿率领千余骑兵驰援，达头可汗于是

不敢再逼迫突利。仲卿又暗中令人招诱突利旧部下，来投附的有两万多家，杨

坚命仲卿把他们都安置在恒安镇。杨坚嘉仲卿功，晋仲卿位上柱国，赐物三千

段。

右仆射杨素率军从灵州道（今甘肃灵武）进击突厥西面可汗达头。

以前，隋将与突厥人交战，都怕突厥骑兵勇悍，在自己营内纵横驰骋，于

是行军都用马步军穿插，宿营时内设鹿角为方阵，骑兵在里面。杨素认为这是

自固之道，并非取胜之方，于是命令尽去旧法，令各军用骑兵排成阵脚。达头

177

听说，大喜道："此天赐我也。"于是下马仰天而拜，率领精锐骑兵十多万而至。

行军总管、上仪同三司周罗睺对杨素说："贼阵未整，请击之。"杨素表示同意，派罗睺与悍勇骑兵二十多人直冲突厥阵脚，从申时战到酉时，短兵相接，杨素继率大军至，于是大破突厥，达头身受重伤逃走，杀伤突厥兵众不可胜数，突厥人相对号哭退去。

杨坚得知捷报，优诏褒扬有功诸将。赐杨素缣两万匹、物两千段、黄金百斤及万钉宝带一条，晋封子杨玄感为大将军。周罗睺也晋位大将军。韩僧寿晋位上柱国，加封江都郡公。

杨素多权谋，乘机赴敌，应变无方，但是"驭戎严整"，有犯军令者，立斩无所宽贷。每将临寇，则求人过失而处斩，多的百余人，少的不下十来个。流血盈前，谈笑如常。等到与敌对阵，先派一二百人奔赴敌营，陷阵而死也就算了，如不能战死而逃还的，不问人数多少，全部斩首。又派二三百人冲入敌营，还是像以往之法，于是将士股栗，有必死之心。因此战无不胜，称为名将。

杨素当时贵幸，言无不从，凡是从杨素征伐过的，有小功必录，至于他将，虽有大功，多被朝中文吏排挤。所以杨素虽然为人残忍，但是士卒却因为这个原因愿意跟随杨素征战。

上柱国、右武侯大将军燕荣为行军总管，兵出幽州道，也战胜而还。杨坚命燕荣为幽州总管，屯守幽州以防备北狄。

燕荣，字贵公，弘农郡华阴县人，性情刚毅，有武艺。周时从武帝伐齐，杨坚受禅，封燕荣为落丛郡公，后从河间王杨弘击突厥，以功拜上柱国，迁青州刺史。在州选特别有力气的人为捕快，吏民过境者必加诘问，动加捶楚，伤多见骨。因此境内奸盗敛迹，合境肃然，他州县人行经青州的，都畏若寇仇，不敢休息。燕荣伐陈时率水军从东莱泛海擒获萧瓛。

燕荣"性严酷，有威容"，州县长吏见到燕荣无不惶惧自失。范阳卢氏世代为幽州著姓，燕荣都署为州县吏卒来屈辱他们。鞭打左右，动至千余鞭，流血面前，饮食如常。曾经按察所辖部内，路上见丛荆，有堪为笞杖捶棍的，都命令取以试人。有人自陈无罪，燕荣说以后犯罪当免笞。后来这个人犯了小过错将被挞打，就提及前日被杖，使君答应后日有罪当宥免。燕荣却说："无过尚且被杖，何况有过！"杖捶如旧。燕荣每次巡察管辖区域，见官吏或百姓家妻子女儿有美色的，都舍于其家奸人妻女。贪暴放纵日甚一日。

这时洛阳人元弘嗣被除为幽州总管府长史，害怕被燕荣凌辱，向朝廷请求另派他职，杨坚知道弘嗣的苦衷，于是敕命燕荣："弘嗣杖十以上罪，皆须奏闻。"燕荣气愤道："竖子何敢弄我！"于是让元弘嗣负责每年秋收收粮食进仓库，在扬去稻壳时如果没有扬干净，剩有一糠一秕，则罚以杖。每次笞杖虽不到十下，但一天总有三次以上，这样几年，两人怨隙更深，燕荣于是收弘嗣下狱，断绝粮食供应，弘嗣饿极，只好抽去牢里自己盖的被子的棉絮，掺着水吞进肚子。

元弘嗣的妻子由幽州步行到达长安，向朝廷申诉弘嗣的冤情。杨坚于是派考功员外郎刘士龙快马入范阳鞫问实情。不久上奏称燕荣虐毒弘嗣非虚，而且本人又脏秽狼藉。于是杨坚命征燕荣还京，赐死。前不久，燕荣家寝室无故有蛆数斛从地里涌出，不久，燕荣竟死于蛆出之处。

元弘嗣，曾参与杨广平陈，后任观州总管府长史，在州专以严峻任事，吏民多怨。及燕荣被赐死，弘嗣代为执政，酷烈又超过燕荣。每推鞫囚徒，多用醋灌鼻，或用棍捅犯人的肛门，因此无人敢隐瞒实情，盗贼奸伪屏息。在隋代，燕荣、元弘嗣为吏均以严酷著称，在《隋书》中都被列入《酷吏传》。

开皇十九年（599）十月，杨坚以突利可汗毅然归顺朝廷，必须褒奖，于是册封突利为意利珍豆启民可汗，这是突厥音译，翻译为汉语意思就是"意智健"。并赐射于武安殿，选善射者十二人，分为两队。启民可汗说："臣由长孙大使得见天子，今日赐射，愿入其朋。"杨坚答应。长孙晟六发都射中鹄的，启民因为归入长孙晟一边，所以启民这队竟然获胜。这时又有群雁飞来，杨坚对长孙晟说："公善打弹丸，为我取之。"长孙晟十发击中十雁，都应丸而落，突厥民众欢呼称赞。这天封赏百官，长孙晟独居多。

杨坚又命长孙晟率领五万人，在朔州建大利城以便让启民可汗居住。这时候安义公主因随启民往来奔波，劳顿而死。杨坚于是又派长孙晟持节送义城公主嫁给启民。

长孙晟又奏："染干部落归者既众，虽在长城之内，犹被都蓝抄略，往来辛苦，不得宁居，请徙染干于五原，以河为固，于夏、胜二州之间，东西至河，南北四百里，掘为横堑，令染干处其内，任情放牧，免于抄略，人必自安。"杨坚都答应了。又派上柱国赵仲卿屯兵二万为启民可汗防备达头，代州总管韩洪、永康公李药王、蔚州刺史刘隆等，率领步骑一万镇守恒安。后又督人筑金河、定襄两城，以便让启民居住。

启民可汗感激涕零，上表谢恩道："臣既蒙竖立，复改官名，昔日奸心，今悉除去，奉事至尊，不敢违法。"又道谢道："大隋圣人莫何可汗，怜养百姓，如天无不覆，地无不载，诸姓蒙天子威恩，赤心归服，并将部落归投圣人可汗。或南入长城，或住白道川，人民羊马，遍于山谷，染干譬如枯木重起枝叶，朽骨又生皮肉，千世万世，为大隋典羊马。"

长孙晟在突厥甚有威名。突厥使者来朝，言突厥之内，大畏长孙大使，闻

181

其弓声，谓为霹雳，见其跑马，称为闪电。长孙晟当时也在座，于是杨坚回头对长孙晟大笑道："将军震怒，威行域外，乃与雷霆为比，一何壮哉！"长孙晟死于大业五年（609），后来突厥围雁门，炀帝叹道："向使长孙晟在，不令匈奴至此！"

第六章　高颎失势

一、与独孤后结怨

隋文帝杨坚，与独孤后夫妻共处将近三十年，旁无他妾，杨勇、杨广、杨谅等五兄弟都是独孤后一母所生，杨坚也以此为荣。但是到了晚年，杨坚开始厌倦与独孤后同床共居，因此时独孤后颜貌早已衰颓，已经引不起文帝多大兴趣，但是一些国家大事还是照旧常与独孤后相商。

杨坚当时才五十出头，精力还算充沛，因此难免会对宫中美貌宫女多看两眼。

一天，杨坚驾幸仁寿宫，心中烦闷，独自在宫中徘徊。

忽然，眼前一亮，杨坚抬头细看，原来是一美貌少女在给牡丹花浇水。杏眼蛾眉，樱桃小口，眉聚春山一段绿，眼含秋水万顷波，可真算得上是有沉鱼落雁之容，闭月羞花之貌，玉貌朱颜，姿态袅娜，风韵都雅，人面在红花映衬下，更是美艳绝伦。不说是绝代佳人、国色天香，也可以称是倾国倾城了。

杨坚不禁看呆了，久久没有回过神来。少女被杨坚看得很不好意思，脸含红晕，如初春朝霞，煞是好看。杨坚注视了很久，少女羞答答地低着头，提着水壶愣站着。

杨坚于是上前问道："汝是谁家女子，为何入于宫中？"少女闻而哭泣，伏在地上流泪，哽咽不能成语。杨坚安慰道："卿请起，详细说与朕听。"少女方才抹去泪水，细细道来。

原来此女是尉迟迥孙女。尉迟迥谋反伏诛，她也连累被没入宫中，充当洒扫之职。今天正浇花，碰巧遇上圣上。

杨坚深表同情，于是召少女与其同宿共寝，之后常常成双成对进出宫中，宠幸无比。

独孤后十四岁就嫁给杨坚，夫唱妇随，琴瑟和鸣，后来也从未有有失妇道之事，柔顺恭孝，谦卑自守，人都以为是贤妻良母。但是本性妒忌，后宫虽有嫔妃多人，都备缺位充数而已，无人能够得到宠幸。

独孤后经常派人侦察杨坚行踪，看有无风流韵事。杨坚在仁寿宫之事，不久也为独孤后派人侦知。独孤后嘴上不说，暗中却派人趁杨坚回长安上朝听政之际绞死尉迟氏。

杨坚回仁寿宫才得知此事，愤怒欲狂，独自骑马从仁寿宫后苑中冲出，不经道路，深入深山荒谷中二十余里。

高颎与杨素不久闻知，赶忙骑马追赶，勉强追上，拉住杨坚的马缰绳苦谏。杨坚沉默了很长时间，才长叹一声，说："吾贵为天子，而不得自由！"

高颎劝道："陛下岂以一妇人而轻天下！"杨坚勒马思索了很久，怒气才稍稍化解，半夜后才返回仁寿宫。

独孤后也颇有悔意，于是亲自在阁内等候杨坚返回。杨坚回宫，到阁前，独孤后流着眼泪向杨坚道歉，说都是自己的不是，惹您生这么大的气。高颎与杨素也从旁劝解。

杨坚心中的怒火至此才平息，于是设酒宴庆贺。独孤后从此气焰也无以前那么嚣张了，也不再专擅后宫，容许陈贵嫔进御，并且有宠于杨坚。陈贵嫔是陈叔宝妹，后面还将叙述。

以前，独孤后因为高颎父亲是其父独孤信僚佐，两家是世交，自己又从小与高颎很熟，因此对待高颎特别优厚。前因杨谅伐辽事谮毁高颎，实在是因为杨谅与高颎比较，毕竟杨谅是自己的亲骨肉，比高颎要亲得多，因此丢卒保帅，舍去高颎来保住杨谅，与高颎实在没有大恨。现在听高颎说自己只是"一妇人"，非常气愤，从此对高颎怀恨在心。

其实高颎言"一妇人"并非一定是针对独孤后而说的，也是劝杨坚不要过分沉迷女色，舍不得一尉迟氏。要以国家大事为重，保重身体。

早先高颎夫人贺拔氏死后，独孤后出于好意，曾对杨坚说："高仆射老矣，而丧夫人，陛下何能不为之娶！"杨坚把独孤后的话告诉高颎。高颎流着眼泪道谢，说："臣今已老，退朝之后，唯斋居读佛经而已。虽陛下垂哀之深，至于纳室，非臣所愿。"杨坚只好作罢。

后来，高颎爱妾又生一男儿，杨坚听到后很高兴。独孤后此时已暗中嫉恨高颎，加上向来就不喜欢见到朝臣之妾有怀孕的，有的话必劝杨坚废黜此人，因此假装听到高颎爱妾生男后很不高兴。杨坚问什么缘故，独孤后说："陛下当复信高颎吗？开始陛下欲为娶妻，高颎心存不轨，面欺陛下，今其诈已见，陛下安能复信之！"

杨坚也因汉王谅及伐突厥事怀疑高颎，早已对高颎心生不满，听独孤后言更增疑忌。

其实早在开皇十年（590），因独孤后异母弟独孤陀畜养猫鬼之事，独孤后已对高颎怀恨在心，但久未爆发。

事情是这样的：独孤陀是独孤后异母弟，独孤信之子，仕周为胥附上士。独孤信被诛，独孤陀牵连被徙蜀十多年。周武帝诛宇文护，独孤陀方才得以返回长安。杨坚受禅，因为独孤后的缘故，拜独孤陀为上开府、右领左右将军。后又出为郢州刺史，晋位上大将军，又转为延州刺史。

独孤陀因迁蜀多年，而蜀中崇信邪术巫蛊，道教兴盛。独孤陀受到很深的影响，因而很喜欢旁门左道。他的妻子是杨素异母妹，杨氏之母以前就以畜猫鬼为职业，后来因事到女婿独孤陁家里居住。

这时碰巧独孤后与杨素之妻郑氏都得了重病，杨坚派御医看视病情，都说："此猫鬼疾也。"杨坚早知独孤陁喜好邪门歪道，于是怀疑是独孤陁干的，因此命高颎与纳言苏威、大理正皇甫孝谐、大理丞杨远等人共同审理此案。

在拷讯中，独孤陁的婢女徐阿尼供认：自己本是跟从独孤陁岳母一起到独孤家的，以前常事畜养猫鬼，经常用老鼠日夜祭祀猫鬼，每次指使猫鬼杀人后，被杀人家的金银财物都会暗中转移到畜猫鬼家。

独孤陁曾经向妻子杨氏要钱，杨氏不给，说："没钱买酒。"独孤陁于是对徐阿尼说："可令猫鬼向越公杨素家，使我足钱。"徐阿尼便口中念念有词，怂恿猫鬼向杨素家。独孤陁还嫌不足，于是又在自家后园对徐阿尼说："可令猫鬼向皇后处，使多赐我物。"猫鬼于是又潜入皇宫中。

大理丞杨远不信，命徐阿尼在门下外省当场表演召唤猫鬼。徐阿尼于是在半夜置香粥一盒，用匙叩着盒子叫唤道："猫女可来，无住宫中。"不久，徐阿尼的脸变得发青，好像被人牵引着，说猫鬼已经到了。

杨坚当时也在现场目睹了全部过程，似信非信，于是命令把独孤陁的事交群臣讨论决定。奇章公牛弘说："妖由人兴，杀其人可以绝。"高颎在审理独孤陁案中没有因自己与独孤家的特殊关系而有所庇护，而是大公无私，不徇私情，因此也表示赞同牛弘的意见。

杨坚于是命人用牛车载送独孤陁夫妇，将要赐死于家。独孤后得知，三天不吃饭，为独孤陁请求道："陁若蠹政害民，妾不敢言，今坐为妾身，敢请其命。"

独孤陁弟司勋侍中独孤整也到朝堂哭诉，请求饶陁一命。杨坚方才免独孤陁之死，除名为民。独孤后因此事一直对高颎耿耿于怀，现在更加对高颎不满意了。

二、卷入太子之争

太子杨勇，小名睍地伐，是杨坚长子，独孤后所生。在北周时因祖父杨忠的军功被封为博平侯。杨坚辅政，被立为隋公世子，拜为大将军、左司卫，封长宁郡公。后又出为洛州总管、东京小冢宰，总管高齐旧地。后征还京师长安，晋位上柱国、大司马，领内史御正，统领禁卫军。杨坚受禅，被立为皇太子，军国政事及尚书省奏死罪以下，都让杨勇参与决定。

杨坚因为潼关以东饥荒流民很多，曾想把这些流民都迁徙到北方边疆，屯田自给。杨勇上书谏止，认为恋土怀旧是人之常情，流民四处飘荡乃是万不得已。在北齐末年，主暗臣昏，北周平齐，又复加威虐，人不堪命，所以四处逃亡，并非厌弃家乡，愿为羁旅。如果宽限几年，使流民沐受皇上您的恩惠，逃窜之人，自然返本。虽北边突厥犯境，令边境严密防守，又何必迁徙流民，以造成不必要的劳扰呢？杨坚看了奏表后认为很好，于是就采纳了杨勇的建议，从此朝廷时政有所不便，杨勇常常献可替否，损益政事不少，杨坚也经常采纳。

杨坚曾经从容地对群臣说："前世帝王，溺于嬖幸，废立由此而生。朕旁无姬侍，五子同母，可谓真兄弟。岂若前代，类多宠妾，孽子忿争，为亡国之道邪！"

杨勇助杨坚笃君臣之义，经纶缔构，抚军监国，已经快二十年了，渐渐对自己放松了要求，奢侈起来。

杨勇颇为好学，又会作辞赋，性情本来很"宽仁和厚"，但是"率意任情"，不善于掩饰自己的过错。曾经文饰蜀铠，杨坚见后很不高兴，恐怕由此导致养成奢侈习惯，因此警告杨勇："我历观前代帝王，没有奢华而能维持长久的，汝为储后，如不上称天心，下合人意，何以承宗庙之重，居北人之上？

我昔时衣服，各留一物，时时查看以自警戒。本拟分赐汝兄弟，恐汝以今日皇太子之心，忘昔时之事，故令高颖赐汝我旧所带刀子一把，并渖酱一盒，汝昔作上士时所常食之物。若存忆前事，当知我心。"

杨勇喜欢交结文士，所与交结沛国人刘臻、平原人明克让、魏郡人陆爽、吴郡人姚察，都是当时著名文士，杨勇与他们都以宾友相待。

刘臻本是南朝梁人，江陵被陷后归周，曾随从高颖伐陈，在军中掌文翰，以功封饶阳县伯。杨勇早闻刘臻之名，引为东宫学士，与他非常亲密，经常互相亵狎。

刘臻没有做官的才能，性情恍惚，耽悦经史，终日深思，对于世事常常遗忘。有个叫刘讷的人，官仪同三司，与刘臻同为杨勇的东宫学士，两人关系很好。刘臻住在城南，刘讷住在城东。刘臻曾经想去见刘讷，对从者说："你知刘仪同家吗？"从者不知道刘臻想去找刘讷，以为刘臻想回自己家，因为刘讷也官为仪同三司，于是答说知道，便带刘臻回家。到了家门口，刘臻还没有醒悟过来，以为到了刘讷家。于是在马上大叫道："刘仪同可以出来了。"刘臻的儿子于是开门迎接，刘臻很惊奇，问怎么你也来了，刘臻的儿子说："这是大人家。"刘臻向周围看了很久才醒悟过来，这确实是自己家，于是责怪从者说："汝大无意，我想见刘讷耳。"

刘臻又喜欢吃蚬，因为声音和自己父亲的名字刘显相同，因此叫蚬为扁螺。他精通《两汉书》，当时人称为“汉圣”。开皇十八年（598）先于杨勇被废死了。

明克让，父亲明山宾官至梁朝侍中。克让少好儒雅，善于谈论，博涉书，看过的书将近一万卷。《三礼》礼论，尤其精研，龟策历象，咸得其妙。十四岁时，梁舍人朱异在仪贤堂讲解《老子》，克让当时也在堂上。堂边有丛修竹，朱异让克让咏赞。克让下笔立成，最后一章说：“非君多爱赏，谁贵此贞心。”朱异于是大奇克让。

明克让在梁灭后归长安，历官为周明帝麟趾殿学士，武帝露门学士。杨坚受禅，为太子率更令，晋爵历城县侯。杨勇以师道待克让，恩礼甚厚，每有四方珍味，则以赐克让。当时东宫大征天下才学之士以充辅导之职，但是论博物洽闻，都比不上克让，后来又与牛弘等人修礼定乐，当朝典故多有裁正。开皇十四年（594）也先杨勇被废死了。著作有《孝经义疏》《古今帝代记》《文类》《续名僧记》等。

陆爽字开明，本元魏八族步六孤氏之后。小时候就很聪明，九岁入学，每天诵读五千余言。齐尚书仆射杨遵彦一见大异，说：“陆氏真是代有人出。”周武帝平齐，与阳休之等人都被征入关（今潼关），其他十多人都随带辎重，只有陆爽载书数千卷。

杨坚受禅，陆爽转为杨勇的太子洗马，与太子左庶子宇文恺等人撰写《东宫典记》七十卷。朝廷因为陆爽有口才，又博学，南方陈国使者来聘，常令陆爽接待应对。开皇十一年（591）时陆爽也死了。

陆爽曾对杨坚说："皇太子诸子未有嘉名，请依《春秋》之义更立名字。"杨坚当时都采纳了。后来杨勇被废，这时陆爽已死，杨坚追怒道："我孙制名，宁不自解，陆爽乃尔多事！煽惑于勇，亦由此人。其身虽故，子孙并宜废黜，终身不齿。"陆爽子法言也因此被废黜为民。法言"敏学有父风"，曾与刘臻、萧该、颜之推等人斟酌南北音韵，编成《切韵》一书，唐宋及后来韵书都以此书为蓝本。

杨勇昵近刘臻、明克让、陆爽三人，太子左庶子刘行本怒他们不能辅杨勇以正道，只是以文学与杨勇亲狎，经常对三人说："卿等正解读书耳。"

刘行本与刘臻同乡，都是沛国人。梁灭后与叔父刘璠同归于周。在家唯以讽读为事，精力忘疲，虽然缺衣乏食，处之泰然。性情刚烈，有不可夺之志。

后来官至检校治书侍御史。这时雍州别驾元肇对杨坚说有一州吏，受人贿赂钱三百文，依律合杖一百下。但是臣在刚上任为雍州别驾时，就与其有约定，不可受贿。现在该吏故意违约，因此请陛下准加该吏徒刑一年。刘行本反驳说："律令之行，并发明诏，与民约束。今元肇竟敢重其教命，轻改宪章。欲申己言之必行，忘朝廷之大信，亏法取威，非大臣之礼。"文帝于是命照旧律杖该吏一百。

刘行本后又以治书侍御史兼拜太子左庶子，在任刚简，太子杨勇非常害怕行本。太子右庶子唐令则，是北周吏部尚书、临淄县公唐瑾之子，北海郡（今山东潍坊）人，"性好篇章，兼解音律"，文多轻艳，被当时人传诵，在北周时官至乐部下大夫。令则为杨勇所昵狎，刘行本责备令则说："庶子当匡太子以正道，何有嬖昵房帷之间哉！"杨勇经常让令则用弦歌教内宫宠姬歌舞取乐，所以行本责备令则。令则很惭愧，却终不能改。

左卫率长史夏侯福也为杨勇所亲昵，曾在东宫阁内与杨勇相戏，夏侯福大笑，笑声传于阁外。刘行本当时正在阁外，听见了夏侯福的大笑声，于是等夏侯福出来，责备道："殿下宽容，赐汝颜色。汝何物小人，敢亵慢殿下！"于是把夏侯福交给执法者考治。几天后，杨勇为夏侯福求情，方才释放。

杨勇曾经得到一匹骏马，让夏侯福骑在马上，自己在旁边观看。杨勇看得兴起，于是又想让刘行本再骑骑看看。行本坚持不肯，板着脸说："至尊置臣于庶子之位，欲令臣辅导殿下以正道，并非为殿下当弄臣。"杨勇只好作罢。

刘行本后来又以本官治书侍御史领京郊大兴县令。权贵害怕行本的方直，不敢到县衙门请托行贿，在县法令清简，不久就死于任上。吏民怀念不已。杨坚听说也很伤心惋惜。后来杨勇被废，杨坚叹道："嗟乎！若使刘行本在，勇当不至于此。"

杨勇宠妾云昭训父亲云定兴，有术艺，经常来往于东宫，依仗云昭训的被宠，制造奇服异器，进奉东宫。太子左庶子裴政几次谏阻，杨勇不听。裴政于是对云定兴说："公所为不合礼度。元妃暴薨，道路上人言籍籍，此于太子并非令名。愿公自引退，不然将遭祸。"云定兴听后很不高兴，于是把裴政的话告诉杨勇，杨勇因此疏远裴政。

杨勇多内宠，云昭训尤被嬖幸，杨勇妻元氏却无宠，元氏乃元孝矩之女，是杨坚与独孤后为杨勇所娶的皇太子妃，但是却不被宠爱，杨勇很少与元妃同房，没有生育子女，却与云昭训生有长宁王俨等几个儿女，后来元妃突遇心疾，两日后就死了。杨坚和独孤后怀疑是杨勇指使御医马嗣明暗中药杀。杨坚曾私下责备杨勇，杨勇回东宫后对属下发怒道："会当杀元孝矩！"民间也传言元妃之死与云昭训及其父定兴有关，所以裴政对云定兴言及此事。

裴政，字德表，河东闻喜人，祖父裴邃，在梁有盛名。裴政幼年时就很聪敏，长大后博闻强记，达于时政。

北周大军包围江陵，裴政从王琳援梁元帝萧绎，奔赴江陵，途中至百里洲，被周人擒获，后梁主萧詧当时随从周师攻江陵，对裴政说："我，武皇帝萧衍之孙，昭明太子萧统之子，何如七父萧绎？从我则贵及子孙，不从则腰斩。"于是逼令裴政对萧绎说王琳军势孤弱，不能来援。裴政当时假装答应，到了江陵城下，裴政反口说道："援兵大至，各思自勉，吾以间使被擒，当碎身报国。"旁边的人打裴政的嘴巴，裴政始终不改口。萧詧想杀裴政，蔡大业谏道："此民望，杀之荆州不可下。"于是才被释放。

江陵被陷后归周，宇文泰早闻其忠，命裴政与卢辩依照《周礼》重新改定官制，并撰次朝仪，车服器用，多遵照古礼，革汉魏时的旧法。裴政"明习故事"，又善音律，在周时曾与长孙绍远论乐，并参与修定《周律》。开皇元年（581），奉杨坚令与苏威、高颎等同修律令，成《开皇律》。裴政采汉晋刑典，下至齐梁，轻重沿革，取其折中。同时撰写的有十多人，凡有凝滞不通，都最后取决于裴政。

杨坚因裴政刚直敢言，于是转裴政为太子左庶子，受辅导之职。裴政也忠于职守，多所匡正，被称为"纯悫"。东宫凡有大事，都交给裴政掌管。

太子右庶子刘荣，性情很"专固"。时逢东宫武职番代，通事舍人赵元恺作《辞见帐》，刘荣让元恺不用造帐，只须口头奏上。后来元恺照刘荣的吩咐把东宫卫士番代的情况口头告诉杨勇，杨勇索要名帐，元恺说秉承刘荣，不听造帐。杨勇又诘问刘荣，刘荣反口，说并无此语。杨勇于是把这件案子交给裴政推问。

裴政后来奏道："凡推事有二，一察情，一据证。审其曲直，以定是非。臣察元恺，受制于刘荣，与刘荣本无怨恨。计情理而论，岂能以无端之言妄加牵累。察情已实，须以证定。元恺有太子左卫率崔倩为证。臣因此认为刘荣对元恺所言'只须口奏，不用造帐'，事必非虚。"杨坚当时叹美裴政善断案。

裴政好"面折人短，退无后言"，屡次谏阻杨勇，于是渐为杨勇疏远，向杨坚谮毁，所以不久被黜为襄州总管，妻儿不随同任上，所得俸禄，都散给府中僚吏。为政平直，用法宽平，无有冤滥，囚徒有犯死罪的，允许囚徒的妻子到监狱中与他同居，秋后将被处决，这些死囚都说："裴大夫致我于死，死无所恨。"裴政喜好饮酒，至数斗不乱，文簿堆积在案，照样剖决如流，并不因酒废事。

州民有犯罪的，裴政事先早已得知，但是很久不按其罪，等到他一犯再犯，才在都会时，在众人中间点名亲案其罪。因此合境惶慑，令行禁止，州民都屏息畏服，称裴政"神明"。开皇中，裴政死于襄州总管任上。杨勇被废，杨坚追忆裴政，说："向使裴政、刘行本在，共匡弼勇，犹应不令勇至此。"

杨坚后来又为杨勇选一直臣李纲辅导，官为太子洗马。杨勇曾经宴请东宫臣属，唐令则自弹琵琶，歌《妩媚娘》一曲。李纲向来刚直，看不过眼，向杨勇谏道："令则身为宫卿，职当调护，乃于众人广座中自比倡优，进淫声，秽视听。事若上闻，令则罪在不测，岂不为殿下之累！臣请速治其罪。"杨勇说："我欲为乐耳，君勿多事。"李纲固争，杨勇不听。

杨勇又亲待太子宗卫率长史阎毗、术士章仇太翼。

阎毗即前面提到的受高颎荐举的巧匠。阎毗父亲阎庆，官北周上柱国、宁州总管。阎毗少袭爵石保县公，长大后，仪貌矜严，颇好经史。受《汉书》于萧该，略通大旨。能篆书，工草隶，尤其善于绘画，为当时之妙。周武帝一见就很喜欢阎毗，把自己的女儿清都公主嫁给他。后来任太子宗卫率长史。太子杨勇衣服玩好之物，多是阎毗所制。杨勇被废，阎毗与妻儿坐杖一百，都被配为官奴婢。后来被放免，成为平民。

阎毗子立本、立德都擅长工艺、绘画，驰名隋唐间，阎立本尤其俊异。唐高宗显庆年间（656—660）代兄立德为工部尚书，后官至中书令、左相，为当时名画家。

章仇太翼是河间人，本秦将章邯之后，避仇改章仇氏。太翼七岁入学，日诵数千言，州里称为"神童"。长大后，闲居体道，不求荣利。博览群书，旁及佛道，都得其精微之旨。特别擅长占候算历之术。先隐于白鹿山，后迁居林虑山茱萸涧，又迁五台山。五台山地多药物，太翼于是和弟子数人在岩下庐居，萧然绝世，以为神仙可致。

杨勇闻而召太翼，太翼早知杨勇必废，对亲近人说："吾拘逼而来，不知所税驾也！"杨勇后来被废，太翼坐法当被处死。杨坚惜太翼之才，特令免死，配为官奴，很久才被释免。太翼久坐监狱，不见阳光，眼睛因而失明，但用手摸书便知写的是什么字。

转眼又到冬至日。古时很重视夏至、冬至日，称为"至节"，都要大宴庆贺。百官都去朝见杨勇，杨勇受之坦然，设宴奏乐受百官朝贺。杨坚知道后很不高兴，认为百官不朝自己反去朝见太子，哪里还把我杨坚放在眼里！

于是问朝臣，近闻至节内外百官率朝东宫，究是何礼？太常少卿辛亶说："于东宫是贺，不得言朝。"杨坚说改节称贺，正可三数十人，随情自去。为何有司征召，一时普集，太子穿法服设乐以待之？东宫如此，殊乖礼制。因此下诏说："皇太子虽居上嗣，义兼臣子，而诸方岳牧正冬至朝贺，任土作贡，别上东宫，事非典则，宜悉停断。"

从此杨坚对杨勇越加疑忌，认为百官都心向太子，自己地位已经动摇，杨勇已成为对自己皇位最大的威胁者。加上杨勇又渐渐奢侈，昵近小人，内多女宠，恶名日闻，杨坚本性猜忌苛察，因此更加对杨勇不满意，恩宠大减于前。

以前，杨坚曾让善于看相的术士长安人来和遍观诸子。来和看后说唯有晋王杨广，眉上双骨隆起，贵不可言。

来和，字弘顺，少好相术，所言后来大都灵验。在北周官至少卜上士，洹水县男。杨坚没发迹时，曾经私下去见来和。来和等客人都走了以后，对杨坚说："公当王有四海。"并称杨坚眼如曙星，无所不照，骨法和气色都表明当膺受天命，王有天下。周武帝暗中猜忌杨坚，曾问来和随公的相貌如何。来和诡报杨坚只是守节之人，可镇守一方。后来王轨对周武帝说杨坚非人臣相，齐王宪也向周武帝说杨坚状貌非同常人，恐怕不是久为人下之辈，请求武帝尽早除去杨坚。于是周武帝又问来和，来和谎称是节臣，更无异相。周武帝向来很信重来和，所以来和的话多被采用。来和后来曾著《相经》四十卷，可惜遭乱已经散失。

杨坚又曾经问上仪同三司韦鼎："诸儿谁当嗣？"韦鼎答道："至尊、皇后所最爱者，即当与之，非臣敢预知也。"杨坚当时笑道："不肯显言吗？"

韦鼎是南朝梁名将"韦虎"韦睿的孙子，"少通脱，博览经史"，明阴阳历算，尤其善于相术。

陈霸先在历阳（今安徽和县）时，韦鼎望气知道霸先当代立为王。于是对陈霸先说："后四年，梁朝灭亡，天之历数当归舜后……观公天纵神武，继绝统者，非公为谁！"陈霸先本来就有图王僧辩的意图，听到韦鼎说的话，更加坚定了取代梁朝自立为王的决心。

陈宣帝时，韦鼎作为陈朝正式使者聘于北周，在长安与杨坚相遇。对杨坚说："观公容貌，故非常人，而神鉴深远，也非常人能及。不久必大贵，贵则天下一家，十二年后，老夫当把身家性命交给你。公相不可言，愿深自爱。"

陈后主至德初年，韦鼎尽卖田地宅院，寓居僧寺。韦鼎好友毛彪很奇怪，问究竟是什么缘故。韦鼎说江东王气已尽，我与你们当葬于长安。期限将及，所以破产。等到陈灭，杨坚派快马急召韦鼎至长安，待遇特厚。

郧国公王谊子王奉孝因病早死，杨坚女儿兰陵公主本来嫁给王奉孝，现在守寡在家。杨坚要公主改嫁，选择亲卫柳述与晋王杨广萧妃之弟萧玚，让韦鼎看看究竟谁有贵妻之相。韦鼎看后说："萧玚当被封侯，却没有贵妻之相。柳述也将通显，但是守位不终。"杨坚说："位由我耳。"于是升柳述的官职，并把兰陵公主嫁给柳述。

后来，韦鼎任光州刺史，用仁义教导州民，为政务求清静。州中有土豪，外表挺修边幅，内行却很不轨，常常劫盗商旅。韦鼎知道内情，却久不揭发其事。一天，在州中集合吏民，当面诘质土豪，说："卿是好人，为什么突然做贼？"于是条列土豪与其徒党作案行状，土豪惊惶失措，当场伏案自首。

又有人客游他乡，为人佣作自给，和主人的妾室私通。后来佣者返回家乡，妾盗主家珍物，夜里逃走，不久在乱草丛中被人发现时，已为人所杀。主家知客与妾通奸，于是告官客杀妾。县衙门派人鞫问，奸情证据确凿，于是判客死刑。

定狱后上报于韦鼎。韦鼎暗中怀疑，于是私下微服访问，探得实情。最后判道："此客实奸，而杀非之。乃某寺僧忿愿妾盗物，令寺奴杀妾，赃在某处。"于是遣人抓获寺僧，并得其赃物。从此辖境内肃然，人们都说韦府君若有神助，因而道不拾遗。后来因为年老多病，由光州征还京师长安，死时年六十九岁。

这时术士萧吉又上书说，太子当不安位。萧吉是梁武帝萧衍弟萧懿之孙，博学多通，尤精于阴阳算术，江陵陷落后归周。杨坚受禅，以上仪同衔在太常寺考订古今阴阳书。

萧吉性情孤峭，不与朝中公卿相沉浮，又和杨素不合，因此被摈落于世，郁郁不得志。萧吉见杨坚喜好征祥之说，于是多言鬼怪之事，希望以此作为进身之阶。

杨勇屡言东宫多鬼魅，鼠妖几次出现。杨坚于是派萧吉到东宫，禳却邪气。萧吉在宣慈殿设神座，有回风从艮地鬼门来，扫太子座位。萧吉用桃汤苇火驱逐，风出宫门才停止。又在未地设坛，开四门，置五帝座位。当时天气寒冷，有蛤蟆从西南来，入人门，升赤帝座，又从人门而出。行了几步，忽然不见。杨坚在旁看见，大为奇怪，心想此位果不安稳。

杨坚见各方面征象都表明杨勇的太子位不安稳，自己与独孤后也渐对杨勇不满意，有把皇位传给次子晋王杨广之意，于是私下对高颖说："晋王妃有神灵庇护，说晋王当拥有天下，卿认为怎么样？"

高颖大为吃惊，忙跪下说："长幼有序，岂可废乎？"杨坚只好暂时搁下这件事。

晋王杨广，小名阿麼，是杨坚次子，与杨勇同为独孤后所生。少即敏慧，有姿仪。杨广生时，独孤后梦见金龙飞入室内，红光缭绕。杨广又生得丰颐广额，头角峥嵘。杨坚因为他眉开眼阔，所以取名为广，在几个儿子中特别钟爱。

杨广又好学，善于写文章，性格深沉严重，有乃父之风。平陈时，为行军元帅。大军进入建康（今江苏南京），逮捕陈湘州刺史施文庆、散骑常侍沈客卿、太市令阳惠朗、刑法监徐哲、尚书都令史暨慧景，因这五个人邪佞，都有害于陈民，于是斩于石阙下以谢三吴。封府库资财，丝毫无所取。当时天下人都称杨广贤明。高智慧作乱江南，杨坚又派杨广为扬州总管，镇守江都（今江苏扬州），每年一朝。突厥寇边，杨广又为行军元帅，军出灵武，大胜奏捷而还。

杨广得知文帝有废勇立己之意，更加矫饰，姬妾只供备数，唯与萧妃共居，其他嫔妃有子都弃而不养。杨坚曾经到杨广府第，见乐器弦多断绝，似乎很久没用过，屏风帐幕都用不加染饰的纯白色缣素制成，并且沾满了灰尘。有美色的姬妾都藏于别室，只留又老又丑的服侍左右。杨坚看到后，认为杨广不喜欢声色玩好之物。

杨广又善于笼络人心。曾经看别人打猎，不巧天降大雨，左右侍卫送上油衣，杨广不肯穿上，说："士卒皆沾湿，我独衣此乎！"命令拿回去，照旧与士卒在雨中观猎。杨坚与独孤后每次派人到杨广处，来者无少长贵贱，杨广必定与萧妃在门外接引，并开设丰盛的筵席，赠以厚礼。因此士卒与婢仆往来杨广处的，回宫后无不称杨广仁孝。

杨广又倾心结交朝士，以结外援。大臣有用事于朝中的，杨广都想尽办法拉上关系，敬待朝士，礼极卑屈。因此朝野注目，寄重望于杨广。杨广当时声名之盛，远超出其他诸王。当时杨勇、秦王杨俊、蜀王杨秀都因奢纵失宠，只有杨广以俭著名，因此杨坚很是高兴，经常对群臣称赞杨广，群臣也附和称贺。独孤后因元妃之死以及后来云昭训专擅东宫内政，心里本已对杨勇很不满，现在把杨勇与杨广一比较，更觉得杨广贤明，有德行，更加把杨勇看轻了。

杨广又有个儿子杨昭，是嫡长子，特别懂事，为杨坚夫妇所钟爱，常在眼前。

杨昭是萧妃所生，杨广镇江都时，杨昭被留在宫中抚养，宫中称为"大曹主"。三岁时，在玄武门前弄石狮子玩，杨坚与独孤后恰好经过。杨坚当时正患腰痛，举手搭在独孤后肩上，稍作休息。杨昭见后很识相地避开，像这样几次。杨坚叹道："天生长者，谁复教乎！"因此奇昭至性过人。

杨坚曾经对杨昭说："当为尔娶妇。"杨昭闻言哭泣。杨坚很奇怪，问这是为何，杨昭回答说："汉王谅没结婚时，经常在至尊您面前，一朝娶妇，便即出外，害怕将违离至尊，所以啼哭。"杨坚大为叹异。

杨昭性"谦冲"，从不发怒，有罪当被指责的，只说："尔大不是。"膳食简单，帷席极为俭素。又性情仁爱，官吏有老父母的，必定亲自问其安否。每年节日都有惠赐。又有武力，能拉开强弩。

杨坚因为杨昭的缘故，更加看重杨广。认为将来由这样的皇太孙继承帝位，国家必定太平，人民必将安居乐业。

杨广任扬州总管时，每次入朝京师长安，车马侍从都十分俭朴。回去的时候，入皇宫辞别皇后独孤氏，泣不成声，伏地不起。独孤后也十分悲伤，两人相对而泣。

杨广说："儿性识愚下，只想与杨勇做一辈子好兄弟，不知犯了什么过错得罪了杨勇，经常怀蓄盛怒，想陷害儿，儿因此常恐谗谄出于杼柚、鸩毒遇于杯杓，所以勤忧积念，害怕有一天见不到皇后您了。"

独孤后闻言也愤怒地说："睍地伐渐不可耐，我为伊索得元孝矩女，望隆隋室基业，竟不闻与元氏作夫妻，专宠阿云，生有这么多猪犬。前新妇元氏本无病痛，忽然暴亡，我疑杨勇遣人投药，导致夭逝。事已如此，我也不穷治，为何又于汝发此意？我尚在尔，我死后当鱼肉汝乎？每思东宫竟无正嫡，至尊千秋万岁之后，遣汝等兄弟向阿云儿前再拜问讯，这是多么大的苦痛！"

杨广听言，拜伏于此，呜咽不能自止。独孤后也悲不自胜。从此，独孤后决意要废勇立广，几次对杨坚提及。杨坚前曾对高颎谈起此事，高颎力谏而止。独孤后本已与高颎有隙，现在又见高颎阻碍自己立杨广为皇太子，于是时时在寻找机会除掉高颎。

杨广见独孤后决心已定，于是更加决意要夺太子之位。

扬州总管司马张衡是杨广亲信，有俊才，见杨广决意夺嫡，因此劝杨广厚接宇文述。宇文述是代郡武川人，父宇文盛为周上柱国。宇文述少骁锐，便弓马，十一岁时有相士对宇文述说："公子善自爱，后当位极人臣。"宇文述性情恭谨沉密，英果有大略，平陈时与燕荣同平萧瓛、陈君范、萧岩于太湖包山。

张衡是河内人，幼怀志尚，有骨鲠之风，十五岁入太学受业，深思精研，为同辈推重。又从沈重受"三礼"，略究大旨。杨广为河北行台，张衡即为行台刑部、度支二曹郎。行台被废，杨广转任并州总管，张衡又任总管掾属，杨广任扬州总督，张衡又为掾。开皇中，熙州人李英林聚众反抗朝廷，张衡曾率军讨平。

宇文述当时任安州总督，杨广听从张衡的计策，想要宇文述接近自己，于是奏请杨坚转宇文述为寿州总督。杨广于是找机会向宇文述提及夺嫡之志。

宇文述说："皇太子失爱已久，令德不闻于天下。大王仁孝著称，才能盖世，数经战阵，立有大功。主上与独孤后都很钟爱大王，四海之望实归于大王，然废立者，国家之大事，处人父子骨肉之间，诚不易谋。但能移主人之意者唯杨素，素之谋者唯其弟杨约。述与约有旧交，请让述至长安，与约相见，共图废立。"杨约是杨素异母弟，小时候因爬树落地，为树杈擦坏了生殖器，因此变成了宦者。性格外表沉静，内多谲诈，又好学强记。杨素与杨约友爱很深，凡有所为，必先与杨约筹划，然后施行。

杨广于是多备金宝，资助宇文述入关。宇文述到了长安，几次宴请杨约，盛陈器玩，与杨约饮酒酣畅，樗蒲赌博，每次假装不胜，所带金宝都输给杨约。杨约后来渐感奇怪，于是问宇文述。宇文述说这是晋王之意，令述与公为欢乐。杨约因问为何。

宇文述说："夫守正履道，固人臣之常致，反经合义，亦达者之令图。自古圣人君子，莫不与时消息，以避祸患。公之兄弟，功名盖世，当途用事，有年岁矣。朝臣为足下家所屈辱者，可胜数哉！又储宫以所欲不行，每切齿于执政，公虽自结于人主，而欲危公者，本已很多。主上一旦弃群臣，公何以取庇？今皇太子失爱于皇后，主上素有废黜之心，此公所知。今若请立晋王，在贤兄之口。诚能因此时建大功，晋王必感激于骨髓，此则去累卵之危，成泰山之安。"

杨约深表赞同，于是告诉杨素。杨素闻知大喜，拍掌说道："吾之智思，竟不及此，赖汝启予。"杨约又对杨素说："今皇后之言，主上无不采用，宜因机会，早自结托，则非但长保荣禄，传祚子孙，况且晋王倾身礼士，声名日甚一日，又躬履节俭，有主上之风。以约料想，晋王必能安天下。兄若迟疑，一旦有变，令杨勇用事，恐祸至无日。"

宇文述又告诉杨约皇后送杨广还镇时所说的话，杨素于是更坚定了助杨广夺嫡的决心。几天后，杨素入宫侍宴，言语中微露晋王孝悌恭俭有礼，有类至尊，以此来揣摩独孤后之意。

独孤后于是哭着说："公言是也，我儿大孝顺，每闻至尊及我遣内使到，必迎于境首，又其新妇亦大可怜，我使婢去，常与同寝共食。岂若睍地伐共阿云相对坐，终日酣宴，昵近小人，疑阻骨肉！我所以益怜阿䃝者，常恐睍地伐暗地杀害他。"

杨素既已探知独孤后之意，因此佯装附和，盛言太子不才，不堪继承帝位。独孤后于是送杨素金宝，使暗中助自己废勇立广。

这时候郭衍任洪州总管，他是杨广旧心腹。杨广于是又派宇文述告诉郭衍自己的夺嫡计划。

郭衍是太原介休人，少骁武，善骑射。开皇中为开漕渠大监，率领水工凿渠，引渭水自大兴城北东至于潼关，漕运四百多里，关内良田赖以灌溉，当时称为"富民渠"。后来任瀛州刺史，遇秋天暴雨连绵，山洪暴发，大水淹没了瀛州所属多数县份，县民多爬上高树或登在高坟，以避免被洪水淹没。郭衍于是亲备船筏，并带粮食拯救灾民，县民多因此被救。郭衍又先开官仓赈济灾民，然后才上奏杨坚。

杨坚认为郭衍做得很对，于是又选授郭衍为朔州总管。辖内有恒安镇，北接突厥之境，因防守边境常常需要转运粮食到北方。郭衍于是选沃饶之地，置屯田，每年除供给边兵口粮外还剩余一万多石，因此内地人民免去了转输的劳苦。他又负责筑桑乾镇，助启民可汗防御达头、都蓝。

平陈后，郭衍从杨广出镇扬州，遇上高智慧作乱江南，郭衍以行军总管讨平东阳、永嘉、宣城、歙、歙各洞山越。

郭衍待下倨傲，事上奸诈，能揣摩杨广之意，阿谀顺旨，所以杨广非常昵爱郭衍，常常对人说："唯有郭衍，心与吾同。"现在杨广谋夺太子之位，因此又想到了郭衍，所以派宇文述把自己的计划告诉郭衍。

郭衍听后大喜道："若所谋事成，殿下自可为皇太子。如其不果，也可据淮南，复梁、陈之旧。副总管酒鬼，能奈我何？"

杨广于是召郭衍至江都，私下共同谋划。又怕人怀疑他们无故来往，因此借口郭衍之妻颈患瘿病，杨广的妻子萧妃有办法医治，把情况告诉杨坚，杨坚于是答应郭衍夫妇一同到江都居住。郭衍又诈称桂州俚人反叛，杨广奏杨坚派郭衍带兵征讨，因此得以大修甲仗，暗中训练步卒。

杨广又经常派人到长安觇察杨坚动静。派张衡在江都至长安的驿路中置马坊，以畜牧、驿运为借口，实际上是供自己来往传递消息用。当时州县没有敢冒犯杨广的，都知而不言。只有华州长史荣毗遏绝杨广驿使，不使传递信息。

荣毗是北平郡无终县（今河北无终）人，"少刚鲠，有局量，涉猎群言"。

开皇年间，因为华阴县多盗贼，杨素家乡是华阴县，怕遭到侵害，于是荐荣毗为华州长史。荣毗仗义直行，无所容舍，杨素的家奴、田客在华阴恃势放纵，多有不轨，荣毗不徇私情，都依法绳治，毫无宽贷。

荣毗后来因为作州上计吏入京，杨素对荣毗说："素之举卿，适以自罚。"荣毗答道："奉法一心，但恐累公所举。"杨素无奈，只好佯装高兴，笑道："前言戏之耳。卿之奉法，杨素之望。"荣毗后迁为治书侍御史，在朝堂上侃然正色，为百僚所惮。

经不住独孤后、杨素等人的谗言浸润，加上杨坚本已对杨勇不满，早有废立之意，前因高颎之言暂时搁置，现在由于独孤后、杨素的缘故，杨坚终于下定了废杨勇立杨广为皇太子的决心。

杨坚既然潜图废立，害怕东宫侍卫强盛，于是命令选择东宫卫士壮勇的到皇宫宿卫，保卫皇帝。

高颎又认为不可，奏称若尽取强者，恐东宫宿卫太劣。杨坚更加不高兴，责备高颎道："我有时行动，宿卫须得强毅。太子育德东宫，左右何须雄武？如我之意，常于交番之日，分向东宫守卫，团伍不别，岂非好事！我熟见前代，公不须仍袭旧风！"

杨坚认为高颎最小的儿子高表仁娶杨勇的女儿，所以事事护着杨勇，非常不公，所以高颎的言语多不被采用。杨坚与独孤后知高颎意终不可夺，终究是自己废勇立广的最大障碍，因此一直在寻找机会贬退高颎。

杨坚又大力削弱杨勇的党羽，因为太子左卫率苏孝慈有"干理"，害怕他在东宫，因此迁孝慈为浙州刺史。杨勇向来很看重孝慈，见孝慈被调徙，很不高兴。

苏孝慈是扶风武功人，"少沉谨，有器干，美容仪"。曾经奏请杨坚在陕州置常平仓，转运漕粮到长安。杨坚认为渭水多沙，乍深乍浅，漕运很困难，于是命孝慈监督民丁决渭水为渠以通黄河。孝慈后来又奏请杨坚废除官府置廨钱放债取利的制度，公卿以下都颁给职田，以充俸禄，杨坚都采纳了。桂林山越叛乱，孝慈又作为行军总管讨平。

杨坚打定主意要废勇立广，高颎认为废立太子是国之大事，自古有国有家者常因废立嫡子事变生不测，国寻灭亡。晋献公、秦始皇事可以作为借鉴。因此此事倍须慎重，不然后悔未及。

杨坚不察高颎一片忠心，反认为高颎挟亲挟旧，与杨勇结为朋党，互为表里，只图杨勇即位后，自己可继续执政，甚至重演杨坚受禅代周的历史剧，这是杨坚所最忌讳的外戚专权现象，他不能让自己的后代重蹈此覆辙。因此杨坚认为高颎不以国家大事为重，只图个人私利，所以高颎屡谏不听。

高颖又奏称杨勇并无大过，只要贬退邪佞，选用正人辅佐，必可保江山所传，社稷不致倾覆，杨坚都不加理睬。杨坚后来终废杨勇，改立杨广，国家因此二世而亡，社稷反为李唐所有，为他人作嫁衣裳，大好江山，拱手送与他人，可悲、可叹、可惜、可恨！

三、被贬为民

杨坚想废太子杨勇立杨广，高颖屡次谏阻，杨坚与独孤后这时都很嫌忌高颖，认为高颖对自己立杨广为太子终究是个绊脚石、拦路砖，一直在找机会黜免高颖。

这时碰巧有人告宜阳公王世积谋反。杨坚于是征王世积入朝，案验其事。

王世积是阐熙人，父亲王雅在北周官至使持节、开府仪同三司。王世积容貌魁岸，腰阔十围，风神爽拔，有超人的外表。高颖赞美王世积之才，与王世积关系很好。王世积在周以军功封长子县公，拜上仪同，杨坚为丞相，王世积与韦孝宽共平尉迟迥之乱，以功晋封上大将军。

杨坚受禅，晋封世积宜阳县公。世积叹周武帝辛勤创下的基业一旦转手送与他人，曾经私下对高颎说："吾辈俱周之臣子，社稷沦灭，其若之何？"高颎当时沉默无语。

平陈之役，世积以蕲州总管率水军从蕲水进攻九江，在蕲口大破陈将纪瑱，平定江西。以功晋位柱国、荆州总管，赐绢五千段，加宝带一条，食邑三千户。桂州人李光仕作乱，世积又以行军总管率军讨平。杨坚当时很看重世积。

王世积见杨坚性忌刻，当时功臣如虞庆则、史万岁等都得罪，或被杀，或被贬，因此酗酒，不和执政谈及时事。杨坚认为世积有酒疾，命令世积住在皇宫内，派御医疗治。世积诡称病愈，方才被允许回到故第。

大军伐辽，世积与汉王谅当时同为行军元帅，兵至柳城（今辽宁朝阳），碰上疾疫而返。不久又拜为凉州总管，杨坚派骑士七百人送世积赴任。

世积亲信皇甫孝谐有罪，官府追捕，孝谐逃到世积处，世积不接纳。孝谐于是被逮捕，不久被发配驻防桂州，桂州总督令狐熙又不礼待孝谐，把孝谐当奴仆看待。孝谐狗急跳墙，深恨世积见死不救，于是侥幸上告说："世积曾令道人相其是否当贵？道人答道：'公当为国主。'道人又对世积妻说：'夫人当为皇后。'世积快到凉州时，他的亲信对世积说：'河西天下精兵处，可以成事。'世积说：'凉州土旷人稀，非用武之国。'"

杨坚得闻孝谐之言，于是征世积入朝，按察其事。在推核之际，拷得宫禁中事，世积说是从高颍处得知。

其实人在酷刑逼迫下，什么都会招供的，不管你是做过还是没做过，或者真有其事，假有其事。

杨广此时正密谋夺嫡，想除去高颍。于是派人买通大理寺狱卒，酷刑逼世积，命世积告发高颍，说高颍与他同谋反叛，宫禁中事泄露即是见证。

世积耐不住昼夜拷打，严刑逼供，只好从命。不久有司上奏："尚书左仆射高颍，与王世积交通，并受其名马之赠。"奏上，当时朝中议论纷纷。

杨坚也知道高颍向来与王世积关系很好，世积为凉州总管，高颍也确实曾经亲自送行到灞桥，世积当时回赠过高颍礼物。因此奏上即批，免高颍尚书左仆射、上柱国，以齐公爵归第。时为开皇十九年（599）八月十六日。

高颍被废，上柱国贺若弼、吴州总管宇文弼、刑部尚书薛胄、民部尚书斛律孝卿、兵部尚书柳述等人力谏，保高颍无罪。杨坚大怒，薛胄、贺若弼、宇文弼都因此而下狱，很久才释放。

在查实王世积案之时，是由刑部、大理寺会审，杨坚当时有意想造成高颍之罪，所以故意把世积与高颍相牵连，又妄造宫禁中泄密之事。薛胄时为刑部尚书，知其非实，几次想昭雪高颍，无奈势单力薄，最后还是定了高颍之罪，薛胄也因而被关入大牢。

薛胄是河东人，少聪明，每览异书，便晓其义，常叹训注之人不能领会圣人深旨，常与儒生互相辩论。性情慷慨，志立功名。开皇年间为兖州刺史，监狱中有囚徒几百人，薛胄几天内就处理完毕，监狱因而空虚。后转大理卿，与赵绰都号称持法宽平。

高颎无罪被废，群臣都感到惋惜，认为太过冤枉，但看杨坚正在气头上，薛胄、宇文弼等人都身陷囹圄，所以都敢怒而不敢言。

不久以后，杨坚驾幸秦王俊府第，召高颎以齐公身份赴宴。高颎悲从中来，不能自已，独孤皇后也感叹多年交情，一时断绝，又见高颎几个月不见，白发就增加了很多，显得老态龙钟，步履也没有以前矫健了，深为同情，恻隐之心油然而生，两人相对哭泣，泣不成声，左右侍从被感染，也流泪不止。

杨坚也鼻子发酸，但因为考虑到帝王的尊严，强忍内心的感情，对高颎说："朕不负公，公自负也。"

又对左右侍从说："我待高颎胜儿子，虽有时不见，常似在跟前，自其被贬，瞑然忘之，如本无高颎，人臣不可以以身要挟君主，自云第一也。"高颎听后更加悲恸，伏地流泪，泣不能起，杨坚命人强扶高颎上座，宴罢归去。

但是祸不单行，倒霉事常一件接着一件而来。

杨广与杨素等人恐高颎东山再起，继续威胁自己夺嫡之谋，于是令高颎所封的齐国的国令上告高颎阴事，称："其子高表仁对高颎说：'司马懿初托疾不朝，遂有天下。公今遇此，焉知非福！'"

杨坚闻知大怒，下令把高颎关押在内史省详细审问。不久大理寺又上奏高颎他事，说："沙门真觉曾经对高颎说：'明年国有大丧。'尼令晖又说：'十七、十八年，皇帝有大厄，十九年不可过。'"

杨坚更加生气，于是对群臣说："帝王岂可力求！孔子以大圣之才，作法垂世，宁不欲大位？天命不可耳。高颎与子言，自比晋帝，此何心也？"

有司请斩高颎，杨坚念高颎旧勋，于心不忍，于是说："去年斩虞庆则，今又斩王世积，如再诛高颎，天下其谓我何？"因此除高颎官籍，免为平民。

高颎刚做尚书左仆射时，母亲就曾警告高颎说："汝富贵已极，但欠一砍头耳，汝宜慎重，免蹈覆辙。"现在母言果验。高颎于是坦然处之，毫无恨意，认为毕竟得全性命，也算不幸中之大幸，还有什么可恨的，只好听天由命吧。

江阳县公、国子博士元善向来很推重高颎，认为高颎有宰相才具，曾经对杨坚说："杨素粗疏，苏威怯懦，元胄、元旻，正似鸭耳，可以付社稷者，唯独高颎。"

杨坚开始深表赞同，等到高颎被废，杨坚认为元善党附高颎，替高颎游说，切责元善。元善本来就患有糖尿病，现在又被杨坚恐吓，一惊之下就病发归西。

元善是河南洛阳人，祖父元叉官北魏侍中，与胡太后争权被杀，父亲元罗因而南奔梁朝。元善少随父在江南，性好学，于是通涉"五经"，尤精于《左传》，侯景之乱后归周。

杨坚受禅，拜元善为内史侍郎，凡有上奏，词气抑扬，观者属目，杨坚每次见到元善，都叹道："真人伦仪表。"杨坚曾命元善讲解《孝经》，元善于是敷陈义理，加以讽谏，杨坚很高兴，说："闻江阳之说，更起朕心。"

元善风流蕴藉，俯仰可观，清雅通博，讲解时音韵清朗，听者忘倦。为当时后进所推。元善之死，众人都感到惋惜。

高颎得罪被废，扬州总管司马、城阳郡公李彻因向来与高颎友善，杨坚也怀疑他和高颎互为朋党，目无主上。因此也被贬黜，不再任使，不久李彻又因口出怨言，被杨坚召入宫中，赐以鸩酒毒死。

李彻，字广达，朔方人，性情刚毅，"有器干，伟容仪，多武艺"。杨坚受禅后，派诸子镇守四方，因为李彻"谨厚有才具"，选任为杨广的并州总管府掌军事，这时蜀王杨秀也将出镇益州，一时找不到有文武才干的朝臣作佳僚佐，杨坚于是对侍臣感叹道："安得文同王子相，武如李广达者乎？"王子相即高颎少时挚友太原人王韶。可见杨坚对李彻的看重。

开皇三年（583），突厥沙钵略可汗侵犯北疆，杨坚命卫王杨爽为元帅，李彻为元帅府长史，与行军总管李充等在白道川大败突厥。沙钵略弃所服金甲，潜于草中逃走。沙钵略因此屈膝称藩。晋王杨广镇守广陵，李彻又从并州随迁，开皇十九年和高颎共同击败突厥，时为行军总管。现在无罪被杀，天下惜之。

文帝仁寿二年（602），贝州长史裴肃遣使上书，为高颎申冤："臣闻事君之道，有犯无隐，愚情所怀，敢不闻奏。窃见故尚书左仆射高颎，以天挺良才、元勋佐命，陛下光宠亦已优隆，但鬼瞰高明、世疾俊异，侧目求其长短者，岂可胜道！愿陛下录其大功，忘其小过。"书上如石沉大海，杨坚没加理睬。

裴肃是河东人，少刚正，有局度，与安定人梁毗同志友善，杨坚受禅，裴肃闻而叹道："周武帝以雄才定六合，坟土未干，而一朝迁革，岂天道欤！"杨坚后来听说裴肃之言，很不高兴，因此裴肃久废于家，不得升迁。

杨坚、杨广既已除去高颎这个眼中钉，不久就废掉太子杨勇，立杨广为太子，杨广得遂所愿，太子之争遂以高颎、杨勇失败告终。

高颎自此至文帝之死没有再出仕。高颎久被废黜在家，闲时唯以佛经自娱，与名僧法彦、僧邕交往，清心寡欲，俨然一在家居士。

第七章

高颖之死

一、力谏炀帝

仁寿二年（602）独孤皇后死后，杨坚逐渐沉迷女色，不能自拔。当时陈宣华、蔡容华二人特有宠。陈宣华就是前面曾提到的陈叔宝之妹陈贵嫔，后升为宣华夫人。性聪慧，姿貌无双，杨广在藩时，结陈氏为内助，常送以厚礼，杨勇被废，陈氏起了不小的作用。蔡容华是丹阳（今江苏镇江）人，容仪姣好，陈灭后被选入宫，与陈宣华参断宫掖之务，都有宠。

仁寿四年（604）正月，杨坚携陈、蔡二妃避暑仁寿宫，术士章仇太翼力谏，认为去后恐銮舆不返，杨坚不听。七月，病重，对侍臣说："使皇后在，我不及此。"不久，崩于仁寿宫大宝殿，时年六十四岁。遗诏令薄葬，与独孤后同坟而异穴。

杨坚"性严重，有威容"，外表质朴木讷而内心明敏，有大略。又躬行节俭，轻徭薄赋，性又勤勉，孜孜不倦，自强不息，日理万机，加上又有高颎、李德林、苏威等能臣辅佐，所以二十年间，平一四海，天下太平，富庶无比。人口由开皇初年的不满四百万户增加到开皇末年的近九百万户。

但是杨坚"雅性沉猜，天资刻薄"，尤其晚年，持法愈峻，喜怒失常，忍于杀戮，恒以"文法自矜，明察御下"，动辄杖杀臣下于殿上。所以忠臣良将、开国元勋往往被杀、被贬，很少有能幸免的，就连高颎这样忠心耿耿、一心为国的诚臣也难免被废。又信受谗言，唯妇言是听，废立太子，遂使国家宗祀沦灭，社稷无主。

杨坚卧病仁寿宫期间，杨广当时侍疾于宫，逼淫陈宣华。杨坚在病中得知，大为愤恨，于是命人召故太子勇，欲以杨勇复为太子。杨广侦知，暗中派人缢杀杨坚，矫诏即帝位，是为隋炀帝。

杨广既即帝位，摆脱了以前许多束缚，不用再掩饰自己了，可以任情肆意。因此即位不久就征发丁男数十万掘长堑，从山西龙门东经高平、汲县、临清关，渡黄河到开封、襄城，最后到达陕南上洛，沿堑设置关防。炀帝想迁都洛阳，因此筑长堑作为洛阳外围的屏障。

大业元年（605）三月，杨广诏命杨素与宇文恺、杨达等人负责营建东都洛阳。每月役使丁男二百万人，又迁徙豫州境内居民及各州富商大贾数万户居洛阳，宫室制度穷极壮丽，历时一年方才告成。

杨广还嫌不够美丽，于是又命宇文恺与内史舍人封德彝在洛阳南郊营建离宫，名显仁宫。南接皂涧，北跨洛水之滨。征发江南岭北奇材异石、海内嘉木异草、珍禽异兽，都送到洛阳，以充实园苑。

杨广意犹未尽，又令内史侍郎虞世基负责在洛阳西郊筑芳华苑，又称洛阳西苑。苑周围二百多里，其内为海，海广十余里，海内有方丈、蓬莱、瀛州等山，高出水面一百多尺。台观宫殿，逶迤山上。海北有龙麟渠，萦纡注入海中。沿渠作十六院，门都临渠。每院以四品夫人主掌，堂殿楼观，备极华丽。苑中之树秋冬凋零后，则剪彩绸制成花叶，缀于枝条上，色败则易以新的，常如阳春时。池沼中也剪彩为荷芰菱芡，杨广乘舆游幸，十六院争以酒肴珍馐精丽相攀比，求得杨广的恩宠。杨广喜好在月夜带随从宫女数千骑游西苑，途中作《清夜游曲》。

高颎在炀帝即位之初就拜为太常卿，重新进入朝廷，这时见杨广侈靡，声色愈甚，荒淫无道，非常为国家社稷担忧，曾屡谏杨广。杨广本因高颎阻碍自己立为太子，很是不满，加上向来就不喜欢高颎，伐陈时高颎不听己言杀张丽华，早已怀恨在心。只不过因高颎是元老旧臣，有重望于朝廷，所以即位不久就又任用高颎，以收人心。是以高颎虽数谏，杨广都置若罔闻。

杨广以前为藩王时曾久镇扬州，扬州为天下第一繁华胜地，所以当时人称"扬一益二"，富庶无比。现在杨广思念扬州故藩，想要南巡，借口"今将巡历淮海，观省风俗，眷求谠言"。实是因为六朝金粉地，江南美女冠绝一时，前为藩王时不敢放肆，今欲任情自适，必娶如张丽华般美女方甘心。

尚书左丞皇甫议认为陆行不便，可通水路，直达江都。杨广于是命征发河南、淮北等郡之民，前后共百余万人，开凿通济渠。从洛阳西苑引黄河水东经荥阳泽入汴水，又从开封东引汴水入泗水，达于淮河。又征发淮南民十来万开凿邗沟，从江苏淮安至扬州入长江。

渠广四十步，渠旁都筑御道，栽上柳树，从长安到扬州州治江都，每百里设一行宫，一共设置离宫四十多所。

杨广又派黄门侍郎王弘、上仪同於士澄往江南采伐木材，造龙舟、凤䒷、黄龙、赤舰、楼船等数万艘，以备杨广巡御。

这时东宫督役官员课役严急，役丁死亡的十有四五，官府用车运载死亡民丁，东至城皋，西到河阳（今河南孟州），尸体处处可见。

大业元年（605）八月，杨广从显仁宫出发，因洛水水浅，于是乘坐小朱航，从漕渠出洛口，始入黄河，御龙舟，将幸江都。

杨广御龙舟居中，以左武卫大将军郭衍为前军，右武卫大将军李景为后军殿后。文武官从者五品以上都乘坐楼船，九品以下乘坐黄篾船，舳舻相接二百多里。

龙舟共四层，高四十五尺，长二百丈，上层有正殿、内殿、东西朝堂，中间二层共有一百二十间房，都饰以金，但内部装饰差不多。另外又有浮景九艘，三层，其他有漾彩、朱鸟、苍螭、白虎、玄武、飞羽、青凫、凌波、五楼、楼船、板䑱，黄篾数千艘，给后宫、诸王、公主、百官、蕃客乘坐，并装载内外百司供奉之物。又有道场、玄坛等船数十艘，专为僧尼、道士乘坐。

共用挽船士十八万多人，其中挽龙舟、浮景、漾彩船的有九千多人，叫作"殿脚"，都用锦彩做成袍。又有平乘、青龙、蒙艟、艚艎、八棹、艇舸等数千艘，为十二卫兵士乘坐，并运载兵器帐幕，由兵士自己牵引，不给民夫。

前后船只迤逦二百多里，照耀水陆，骑兵夹两岸而行，旌旗蔽野。所过州县，五百里之内都令献食，多的一州要供几百车食物，极水陆珍奇。后宫厌饱，将出发之时，多弃于河中。

杨广又认为服章文物，阙略还很多，不够完备，令何稠、云定兴、阎毗等人负责查阅图籍，营造舆服羽仪，送于江都。

何稠是何妥侄子，性绝巧，有智思，用意精微。江陵陷没后随何妥入长安。累迁御府监，转太府丞。何稠"博览古图，多识旧物"。波斯国曾献金绵锦袍，组织殊丽，杨坚命何稠仿制。何稠不仅仿制成，而且超过所献之锦。当时中国久绝琉璃做法，匠人没有敢措意的，何稠创用绿瓷制成琉璃，与真的毫无差别。

何稠既受命制定舆服，于是参会古今，多有改创，又引阎毗助己。阎毗性巧，谙练旧事，熟悉典故，辇辂车舆，于旧制多有损益。

云定兴是故太子杨勇岳父，杨勇被废，定兴被除名配少府。后来杨广即位，宇文述得宠用事朝廷，定兴以前在杨勇东宫中得到不少宝物，于是用来贿赂宇文述。杨广南下江都，宇文述荐定兴为少府丞，助杨广制定服章文物。

于是何妥、阎毗、云定兴等人征发民间工匠二十多万人，制造车舆辇辂、皇后卤簿、百官仪物，务求华盛，花费的金银钱物以巨亿计。

杨广又以百官衮冕弁冠及麾杖照例需要羽毛，于是课州县送羽毛，百姓多方捕求，网罗遍于水陆，禽兽有堪氅毦之用的，都快被捕尽了。

浙江湖州有一棵很高的树，将近百尺，旁无附枝，上面有一个鹤巢，州民想取得，因太高没法上去，于是伐高树的根。鹤害怕伤害它巢里的儿女，自己拔下身上氅毛投于地，当时人竟称为瑞兆，说："天子造羽仗，鸟兽自献羽毛。"

因此舆服大定，羽仪应期而就，送于江都。杨广为夸耀帝王的威仪，在江都每出游幸，羽仪填街塞路，蔓延二十多里。文物之盛，前代不及。但也因此耗散民力，隋民因而大困。

高颎见杨广越加淫奢，深为国家社稷担忧，但苦于势单力薄，有力挽狂澜之心，而无只手回天之力，又屡谏不听，因此私下对其部下太常丞李懿说："周天元以好乐而亡，殷鉴不远，安可复蹈旧辙！"此话后来不知怎么被传到杨广耳中，杨广很不高兴，但因高颎是元老旧臣，素负盛名，因此暂时隐忍，没加重罪。

二、高颎被杀

突厥启民可汗上表请入朝，杨广想向突厥人夸示富乐。御史大夫裴蕴揣知杨广之意，于是奏请括天下周齐梁陈旧乐家弟子，都编为乐户。凡是官六品以下以至庶民，有善于音乐及倡优百戏的，都到太常寺等待使用。于是天下奇技淫声都聚集在乐府，并置博士弟子，转相传授，乐人增加到三万多户。

裴蕴本是南朝陈人，性明辩，有吏干，父亲裴忌与陈将吴明彻战败后被俘入周。平陈之时，裴蕴因父亲在北故，暗中奉降表于杨坚，请为隋军攻陈的内应。陈国被灭，杨坚审阅江南衣冠之士，认为裴蕴夙有向化朝廷之心，将超授裴蕴为仪同。高颎当时力谏，认为裴蕴"无功于国，宠过他将，臣未见其可"。杨坚当时没听高颎的话。于是裴蕴从此对高颎怀恨在心。

杨广即位，升裴蕴为御史大夫。裴蕴善于伺察杨广的微意，如果杨广想治罪的，则曲法顺情，锻炼以成其罪。如果杨广想宥免的，则附从轻典，从而释放。因此之后大小案件都交给裴蕴，刑部、大理寺都必须秉承裴蕴旨意，方才敢决断。

裴蕴为人也机辩，论起法理来口若悬河，轻重都由其口，剖析明敏，当时人不能致诘。后来高颎被杀，裴蕴在其中起了很大的作用。

起初，杨坚不喜好声伎，派牛弘等人定乐，不属于正声、清商及九部乐、四舞范围内的，都罢归于民间。

正声就是开皇初年郑译与牛弘等人所定之乐。清商则是南朝宋齐旧乐，乃华夏正声，也叫清乐。九部乐即杨坚时所定清乐、西凉、龟兹、天竺、康国、疏勒、安国、高丽、礼毕等共九部乐。四舞即鞞、铎、巾、拂舞。

百戏则古已有之，又叫"散乐""杂戏""杂技"。早在秦汉以前就已产生。西周时称"散乐"，当时是指周代民间乐舞，《周礼·春官·旄人》记载："旄人掌教舞散乐，舞夷乐。"汉代百戏又称"角抵戏"，包括各种杂技幻术，如扛鼎、寻橦、吞刀、吐火以及装扮人物的乐舞、装扮动物的鱼龙曼延舞，带有简单故事的"东海黄公"等。汉武帝时百戏极为盛行，《汉书·武帝纪》记载："元封三年春，作角抵戏，三百里内皆来观。"东汉末年著名经学家郑玄在著作中也曾提到散乐就是角抵戏，就是"野人为乐之善者，若西汉之黄门倡"。著名天文学家、发明地震仪的东汉人张衡，在《两京赋》中有关于角抵戏的具体描写。汉墓陶俑中有杂技俑，汉壁画中有杂技图像。

南北朝时，角抵戏、杂技等名词遂被百戏、散乐所代替。《周书·宣帝纪》记载："散乐杂戏，鱼龙烂漫之伎，常在目前。"《旧唐书·音乐志》说："散乐者，历代有之，非部伍之声，俳优歌舞杂奏……如是杂变，总名百戏。"北齐后主高纬特别喜欢胡、戎乐，其中鱼龙、山东等伎都属于百戏。

大业三年（607）三月，杨广命令大集四方散乐，总聚于东都洛阳。杨广亲自率领后宫嫔妃往芳华苑积翠池畔观看。

先是表演"鱼龙曼延之戏"，鱼龙是一种由人装扮的舍利之兽，巨大无比，长大约有一百寻，所以叫"曼延"。鱼龙先戏于庭上，完毕后入殿前池中激水，化成比目鱼，跳跃漱水，喷雾障日，倏忽化成黄龙，长七八丈，出水遨戏于庭，龙麟在日光下耀眼夺目。旁边又有鼋鼍、龟鳖、水人、虫鱼，遍覆于地，因为黄龙是水龙王的缘故。

接着表演二人头顶竹竿，上面有人站在竹竿上或依附在竹竿上，左右两人忽然相互交换位置。另外又有神鳌负山、幻人吐火等戏，千变万化，不可胜举。

伎人都身穿锦绣缯彩，舞者腰佩鸣环，上面缀着花毦。课京兆、河南郡制乐人的衣服，长安、洛阳两京锦彩为之空竭。

杨广又多制艳诗，令乐正白明达配以新声传唱，声音极为哀怨。白明达造新声成，杨广很高兴，对明达说："齐氏偏隅一方，乐工曹妙达犹封王，我今天下大同，方将贵汝，宜自修谨！"

当时有个乐人叫万宝常，妙达钟律，遍工八音，人们听到明达所制新声，皆泫然。有人问宝常这是为何，宝常说："乐声淫厉而哀，天下不久就会相杀将尽。"后来宝常言果验。

宝常本是南朝梁人，因罪被配为乐户，因此得以精通音律，曾经与人吃饭时论及声调，当时现场无乐器，宝常于是用筷子敲击食器，以成音调。宝常又善于作曲，声音雅淡，随手成之，改制乐器，不可胜数，当时识乐者郑译、何妥、卢贲、苏夔、安马驹、曹妙达等人都心服宝常，认为宝常天然识乐，远远超过他们，谓以为神。

杨广喜好文学，柳䛒、诸葛颍因之特为杨广所亲爱。

柳䛒本是杨广的东宫旧臣，性尤俊辩，杨广每次退朝之后，便命柳䛒入阁，与柳䛒宴谑终日。柳䛒又嗜酒，言语诽谐，杨广每次与后宫嫔妃对酒盛会，必召柳䛒，与柳䛒同榻共席，亲狎有如朋友。杨广还恨柳䛒有时不能夜来，于是命工匠仿柳䛒像刻成木偶人，下施机关，能坐起拜伏。杨广每次月下对酒，就命宫人把木偶放在本给柳辔设置的座位上，与木偶互相酬对，作为欢笑。

诸葛颖也是东宫旧臣，清辩有俊才。杨广即位，升诸葛颖为著作郎，非常亲幸，经常出入杨广卧室之内。杨广每次宴会，必召诸葛颖至。诸葛颖趁机多有谮毁，因此当时人称其为"冶葛"。杨广曾赐给诸葛颖诗，最后一章说："参翰长洲苑，侍讲肃成门。名理穷研核，英华恣讨论。实录资平允，传芳导后昆。"但是诸葛颖性情褊急，经常与柳辔愤恨相争。

高颎当时为太常卿，主管朝廷礼乐祭祀之事，见杨广下诏令括收天下周齐故乐人及散乐，恐奢靡之风由此更甚，上书切谏，认为"此乐久废，今若重征，恐无识之徒弃本逐末，递相教习"。杨广没加理睬。

高颎很失望，下朝后同好友谈及此事，好友说："昔周天元皇帝好声色而亡，以今仿之，不亦甚乎？"高颎深表同意。

因启民可汗即将来朝，杨广想出塞阅兵，以显示国家的富强，于是驾幸榆林郡。又想修路直达突厥中，并达于涿郡。因此从榆林北境到启民可汗牙帐，东到达河北蓟县，征发民丁开筑御道，长三千里，道阔百步。

杨广又下诏征发丁男百余万人修筑长城，西自榆林，东达紫河，尚书左仆射苏威力谏，杨广不听。宇文弼也说："长城之役，并非急务。"高颎也很赞成。

杨广不听，筑了二旬才停止。

不久，启民可汗与义成公主来到榆林行宫朝见杨广。杨广很高兴，与启民一同登上北楼，共观鱼于黄河，并大宴突厥随从人员。赏赐启民可汗帛两千万段，金瓮二，及衣服锦彩被褥、辂车乘马、鼓吹幡旗，赞拜不称自己名字，位在诸侯王上。突厥随从官员特勤以下，赏赐各有等级。

杨广想夸示突厥，又命宇文恺造大帐，备仪卫，下面可容纳数千人。杨广在榆林城东御此大帐，大宴启民可汗及其部落，表演散乐。杨广又命宇文恺制造可以移动的大殿，称"观风行殿"，上面可容纳侍卫数百人，整个大殿可以拆卸重新组装，下面设有轮轴，推移倏忽，如有神功。突厥人见后，无不惊骇失色。

兵部尚书段文振认为突厥狼子野心，恐为国患，而杨广赏赐重叠，恩泽越厚，于是上表道："臣闻古者夷不乱华，远不间亲。窃见国家容受启民，资其兵食，给以地利。夷狄之性，无亲而贪，弱则归投，强则反噬。晋朝刘曜，梁代侯景，众所共知。如臣之计，喻遣塞外，缘边镇防，此乃万岁之长策。"杨广没有采纳。

段文振是北海期原人，少有膂力，胆气过人，性刚直，明达时务。曾参与平定尉迟迥、北征突厥及平陈之役。开皇十九年（599），与高颎等人再次北伐突厥，大破达头可汗于沃野镇。王世积谋反被诛，文振因向来与世积关系很好，有旧交，北伐突厥前世积又曾赠以驼马，因此坐与世积交关，有功不录。文振因几次出征突厥，备知突厥情况，所以力谏杨广。

高颎闻文振之言也深有同感，因此对太府卿何稠说："此虏颇知中国虚实、山川险易，恐为国患。"又对观王杨雄说："近来朝廷殊无纲纪。"

光禄大夫贺若弼也私下议论杨广宴启民可汗太过奢侈。高颎与贺若弼的话不久都被人告发，杨广认为高颎、贺若弼诽谤朝政，因而大怒。又因为宇文弼向来以才能著称，历职显要，声望很高，物议时谈常常推许高颎，杨广暗中嫉恨。加上宇文弼之前屡有谤言，于是和高颎、贺若弼同时被杀，苏威也被坐免官。高颎诸子被徙边，贺若弼妻子儿女被没入官府为奴婢，手下侍从被徙边。贺若弼时年六十四岁，宇文弼时年六十二岁。天下人都感到冤枉。

贺若弼、宇文弼向来与高颎友善，高颎被废时曾力争，被关入大牢，后来才被放出。现在竟与高颎同死，也可算是"虽非同年同月同日生，但竟同年同月同日死"的生交死友了。

贺若弼与高颎有深厚渊源，早在少年时就相知，后又同为周齐王宪府记室。二人都怀抱壮志，有平一天下之志，后来都官位隆显、功勋卓著。贺若弼虽经高颎推荐方登高位，但在高颎得势时曾很嫉妒，几次想谮毁高颎，取而代之为宰相，但都没有得逞。两人关系曾因此破裂了很长时间，但在高颎被废乃至可能被杀之际，贺若弼毅然弃去前嫌，奋力搭救高颎。现在竟与高颎同死，也算殊途同归了。

高颎被杀，天下莫不伤心惋惜，到了唐代还有人为他申冤叫屈。

其实杨广之所以杀高颎还有更深的原因。

平陈之役，高颎为杨广元帅府长史，先入建康，收陈图籍。这时陈叔宝宠姬张丽华归高颎掌管。杨广早知张丽华美艳绝人，有倾国倾城之色，因此急派高颎的二儿子、当时任杨广元帅府记室的高弘德飞马到建康告诉高颎，要他把张丽华留下来。高颎不答应，说："昔武王灭殷，姜太公蒙面斩妲己。今平陈国，不宜留丽华。"于是斩张丽华于青溪。高弘德还报杨广，杨广恨之入骨，咬牙切齿说："古人云：'无德不报。'我必有以报高公！"因此早已对高颎怀恨在心。

另外，在杨坚准备废太子杨勇的问题上，高颎始终站在反对的立场，这不仅触犯了杨坚夫妇，也把自己与杨广放在直接对立的地位上，因为废杨勇与立杨广是一个问题的两个方面，不废勇就立不了广，杨广要立就必须先废杨勇。

所以，如果说高颎与文帝、独孤后的矛盾，主要是政见分歧，那么他与杨广的矛盾，就主要是利害冲突，是你死我活的斗争。既然如此，杨广能够饶得了高颎吗？

因此炀帝初年虽然复用高颎为太常卿，实际上是掩人耳目，私下无时不在寻找机会除去高颎，以泄心头之恨，履行伐陈时所说之言。

现在终于可以如愿以偿，并且消除了妨碍自己寻欢作乐的令人讨厌的障碍，杨广又何乐而不为呢？只可惜国家从此少一良臣，社稷从此不再有可充栋梁之用的重臣，惜乎？惜哉！

三、对高颎的评价

高颎虽死，但美名传于后世，到了唐代还有不少人称颂他，赞叹不已。

唐太宗李世民政府中有不少人以前曾在隋朝任过职，他们都一致盛赞高颎做宰相时的政绩。李世民听后大为惊异，于是他专门去阅读有关高颎的传记，从而证实了那些隋室旧臣的评价，并且对朝臣说："朕近见隋代遗老咸称高颎善为宰相，遂观其本传，高颎可谓公平正直，尤识治体。"

唐宪宗时宰相杜佑在撰写《通典》时，发现高颎制定了税收登记的新标准

"输籍定样法"，并且成立了负责这一工作的机构，又主持进行货币改革，在隋朝的财政管理和财政设施的建立方面有很大建树，从而使隋朝的纳税人口由589年的四百万户猛增到606年的八百九十万户。因此对高颎称赞备至，把他和使齐国称霸的管仲及为秦国的崛起打下基础的商鞅并列，称高颎为法家的代表人物，是一代名臣良相。

高颎为隋初国家政权的统一和巩固作出了不小的贡献，在他身上具有封建时代地主阶级政治家某些有代表性的优秀品质。

首先，高颎善于发现人才，勇于使用人才，虚心尊重人才。隋朝一代的名臣、良将，很多都是高颎推荐给杨坚的。史书称高颎"及蒙任寄之后，竭诚尽力，心迹俱尽，进引贞良，正身直道，弼谐兴运，以天下为己任"。他所推荐的苏威，与自己共理朝政，同心协赞，天下归心。杨素，不仅是杨坚的重臣，也是杨广的重臣。其他如贺若弼、韩擒虎，都是平陈的名将，指挥过许多战争。被他推荐得以立功立事者，不可胜数。所以他当朝执政二十年，"朝野推服，人无间言，物无异议，北庶赖以康宁，百僚资而辑睦"，人都称"隋之治致升平，颎之力也，论者以为真宰相"。

尤其受到人们称赞的是他不嫉妒人才，宽宏大量，当由他推荐的人与他齐名或超过他时，他感到的是愉快而不是忌恨，可真称得上是一位"宰相肚里能撑船"的宽厚长者，有宰相气度。

如开皇元年，他与苏威并为宰相，不但能与苏威合作融洽，关系很好，而且自己还主动要求退居二线，把权力完全让给苏威。又如平陈之后，杨坚要他与贺若弼比论平陈之功，他推辞谢绝道："贺若弼先献十策，后于蒋山苦战破贼，臣文吏耳，焉敢与大将军争功！"这种虚怀若谷的情怀，博得了杨坚的赞赏和朝中同僚的钦佩。

高颎又性爱才、惜才。杨坚将杀名将史万岁时，高颎极力营救，认为史万岁"雄略过人，每当行军用兵之处，无不身先士卒，尤其善于抚御部下，所以将士乐意为万岁卖命致死力，虽古名将未能过"。屡屡向杨坚进言解救，史万岁因而得免于死。后来北抗突厥时，史万岁功劳最大，这与高颎的力保是分不开的。杨坚将杀大理少卿赵绰，高颎又力谏，赵绰因而得免于死。

其次，高颎又敢作敢为，不避嫌疑，勇于负责，不推卸责任。高颎初投杨坚时，就明确表示"愿受驱驰，纵令公事不成，颎亦不辞灭族"。意思是要和杨坚干到底，成功与否，在所不计。在这个问题上，苏威与他形成了明显的对照。当杨坚向苏威暗示篡位立国之意时，苏威不敢表态，溜之大吉。

平陈之役时，高颎把年已二十出头的统帅杨广撇在一边，以大局为重，大权独揽，以至公然违抗统帅的旨意，杀了张丽华。平陈之后，有人告高颎谋反，就是指的高颎这种不把杨广放在眼里的行为。

东征高丽时，汉王杨谅是统帅，高颎是元帅府长史。高颎还是一如既往，对于杨谅的意见多不采用，把这个在皇宫里娇生惯养的皇子气得暴跳如雷。

再次，在其他许多问题上，高颎也多表现出这种勇于负责、正直、甘于冒天下之大不韪的大无畏精神。

就拿他批评炀帝喜好淫乐一事来说吧，在炀帝面前，他处于什么样的地位，他自己心里是很清楚的，但出于对炀帝、对已故的隋文帝、对隋室和对国家社稷的忠心尽责，他还是直说了，虽然明知不会有什么结果，不大可能被炀帝接受。

文帝杨坚晚年性狠好杀，经常在殿廷上杖杀朝臣，高颎看不过眼，屡次进谏文帝，认为"朝堂非杀人之所，殿廷非决罚之地"。文帝不听，高颎于是率领朝臣一同到朝堂上，伏地请罪。文帝很是诧异，问这是为何，高颎因与百僚言及杖事由自己与群臣辅佐不力，致使陛下有此过，希望文帝降罪，文帝方才有悔意，后来命撤去廷杖。

高颎关心的是隋室的兴亡，是国家的治乱，至于自己的通显进退，则看得很淡，这与他是一个虔诚信佛、经常读佛经的在家居士是很有关系的。可以这么说，他一有机会就上表请求辞退，以至到了削职为民时，也毫无怨言，处之泰然。

这就与那些只图升官发财、封妻荫子的政客官僚大相径庭了。他的这种超然的风度，也有别于封建社会那些明哲保身、洁身自好、消极遁世的人，因为他的人生态度始终是积极用世的，是以天下为己任的。

最后，高颎为人谨慎，从不泄露朝中密事。凡是他所上奇策密谋及有关时政损益的，高颎上奏后都毁掉原稿，因此很多他上奏给文帝所谈的事外人很少知道，只有文帝与他两人知晓，高颎的文稿也因此在后世很少流存，《全隋文》也未收录高颎文章，这对后人了解高颎思想和生平是一个很大的遗憾和损失。

高颎为了保密，又曾创用白粉在木板上记事，当时称为"纪事牌"，犹如今之"备忘录"，也是古代一个重大发明。字写完后可随时擦去重写，非常方便。还可免让他人知道自己曾写过什么，犹如上奏后削除底稿。

《隋书》称高颎"少明敏，有器局，略涉书史，尤善词令"，"有文武大略，明达世务"，性"强明，又习兵事，多计略"。后人则普遍认为高颎是一位有才能的战略家，一位讲求实效和效率的行政官员，一位在制定隋各方面政策中起着重要作用和全面负责执行这些政策的明智的襄赞大臣。

高颎与隋文帝一样是一个虔诚的佛教信徒，作为一个信佛的居士、名臣与

实干家，他与以李德林为代表的儒家官员形成鲜明的对比，因此，一般认为高

颍是典型的法家人物。

高颎生平大事年表 ①

551年（西魏文帝大统十七年）1岁

时其父高宾年已47岁（504年生）。高宾，渤海郡蓨县（今河北景县）人，北齐宗室，在东魏官至龙骧将军、谏议大夫、立义都督。

552年（西魏废帝钦元年）2岁

梁平侯景之乱，梁元帝（湘东王萧绎，萧衍第七子）即位于江陵。

557年（北周孝闵帝觉元年）7岁

宇文觉称天王，建立北周。二月，以楚国公赵贵谋反，伏诛。晋国公宇文护为大冢宰，专政事。三月，卫国公独孤信，护阴忌之，以其与赵贵同谋，逼令自尽于家，时年55岁，妻子徙蜀。独孤后时年4岁，与异母弟陁同徙蜀，

---

① 高颎的年龄为虚岁。

兄善贬河州刺史，其后久废于家。独孤信长女为周明帝后，明帝即位，召独孤

后还，后以高宾为父之故吏，每往来其家。

559年（周明帝武成元年） 9岁

颎父高宾因明帝后独孤氏故，除为咸阳郡守。在任政存简要，甚得民和。

明帝闻其能，赐田园于郡境。宾因羁旅归国，亲属在齐（宾在齐生有子女，颎

为宾在西魏另娶妻所生，故47岁方生颎），常虑见疑，乃于所赐田内，多莳竹

木，盛构堂宇，并凿池沼以环之，有终焉之志。明帝由是知其无二心，加使持

节、车骑大将军、仪同三司、散骑常侍，赐姓独孤氏。

560年（明帝武成二年） 10岁

高宾除御正下大夫，兼小载师。

561年（周武帝保定元年） 11岁

高宾由益州总管府长史征拜计部中大夫，治中外府从事中郎，赐爵武阳县

伯。宾敏于从政，果敢决断，案牍虽繁，绰有余裕。后转太府中大夫，齐公宪

（宇文泰第六子，性通敏，有度量，智识不凡）府长史。

562年（武帝保定二年） 12岁

时家有柳树，高百余尺，亭亭如盖，里中父老皆曰："此家当出贵人。"

567 年（武帝天和二年） 17 岁

高宾除郜州诸军事、郜州刺史，晋位骠骑大将军、开府仪同三司、治襄州总管府司录。武帝诏置露门学，置生七十二人。

颎与太原王韶、洛阳元岩同志友善。物议以为两人才具侔于高颎，骨鲠则过之。颎娶贺拔氏女为妻。

568 年（武帝天和三年） 18 岁

周齐王宪（时仍为齐公）素闻颎名，又以其父己故吏，辟颎为王府记室。掌文翰，时贺若弼亦为宪府记室。颎长子盛道生。

570 年（武帝天和五年） 20 岁

袭父爵武阳县伯，除内史上士。

571 年（武帝天和六年） 21 岁

父高宾卒于州（郜州），时年 68 岁。开皇中，以子为隋文帝佐命功臣，赠礼部尚书、武阳公，谥曰简。颎三子表仁生。

573 年（武帝建德二年） 23 岁

诏省六府（即六部）诸司中大夫以下官，每府置四司，以下大夫为官之长，上士贰之。时颎官内史上士。省六府员外诸官，皆为丞。

576年（武帝建德五年） 26岁

颎三年丧毕，迁为内史下大夫，与内史上士宇文弼友善（颎除内史上士，弼递升）。弼长颎五岁，颎兄事之，其后患难与共，虽非同年同月同日生，但后竟同年同月同日死。

577年（武帝建德六年） 27岁

帝入邺城，遣唐道和就齐中书侍郎李德林宅宣旨慰谕，曰："平齐之利，唯在于尔。"复使内史宇文昂访问齐朝风俗政教，人物善恶。遂以德林为内史上士，诏诰格式及用山东人物，一以委之。颎不悦，故与之不协。

578年（武帝宣政元年） 28岁

以平齐（颎从齐王宪伐齐）功，晋位开府，余如故。

汾州稽胡（匈奴别种）刘受罗千复反，诏大冢宰越王盛与内史下大夫高颎讨擒之。

579年（周宣帝大成元年转大象元年） 29岁

正月，改元大成。帝戴通天冠，服绛纱袍，始与群臣服汉魏衣冠。二月，诏以洛阳为东京，发山东诸州兵起洛阳宫，常役四万人，增民一月功为四十五日役。

二月辛巳，诏传位于皇太子衍。衍时年6岁。大赦，改元大象。赟自称天元皇帝，以太上皇听政。

580年（周静帝衍大象二年） 30岁

五月，天元皇帝赟崩，时年22岁，谥曰宣帝。刘昉、郑译（时官内史上大夫）矫诏以随公杨坚受遗托辅政。

赟几欲杀杨坚，赖译等得免。赟既死，五月丁未，以坚为假黄钺、左大丞相，时宇文衍（已改名阐）居谅阴，百官总己以听左大丞相。坚初受顾命，使邢国公杨惠谕内史下大夫高颎以己意。颎承旨，欣然曰："愿受驱驰。纵使公事不成，颎亦不辞灭族。"于是坚辟为相府司录，坚素知颎强明，又屡经征战，多谋略，故引入府。时李德林亦被召入相府，颎与之不协。郑译亦不悦德林。

诏以韦孝宽为行军元帅，督梁士彦、元谐、宇文忻、宇文述、崔弘度、杨素、李询七总管兵讨迥。李询密启坚，云士彦、忻、弘度并受迥金，故迁延观变。坚欲以昉、译为监军，皆辞以他故。颎独自请往监，受命便发，遣人辞母，云忠孝不可两全，歔欷就路。时前方军情未测，人情恟恟，皆以为有九死无一生，颎独无所畏惧。至军，为桥于沁水。尉迟惇于上流纵火筏，颎预为土狗以御之。孝宽军既渡，颎命焚桥，以绝士卒反顾之心。惇兵大败，单骑走。孝宽与颎等乘胜追至邺下。迥与勤率军十八万御之。邺中士民观战者数万人。颎乃与宇文忻、李询等设策，先射观者，观者皆走，转相腾踏，迥军大乱，忻复传呼："贼败矣！"迥军遂败，邺平。九月，以坚为大丞相，罢左、右丞相号。十月，复晋位为大冢宰。

颎征迥还，文帝始疏刘昉、郑译，以颎代昉为相府司马，侍宴于卧内，撤御帷以赐之。请封颎为义宁县公，晋位柱国，任寄日隆。然亦不忍废译。

581年（静帝大定元年转隋文帝开皇元年） 31岁

大定元年二月丙辰，静帝诏随王坚冕十有二旒，建天子旌旗，出警入跸，乘金根车、驾六马，备五时副车，置旄头云罕，乐舞八佾。甲子，静帝下诏，依唐虞故事，禅位于隋。坚遂冠远游冠，改服黄袍、衮冕，受册、玺，即皇帝位于临光殿，改元开皇。告庙，遣窦炽柴燎（燃柴火）告天。除周六官，复汉魏之旧。置五省、二台、十一寺、十二军府。又置上柱国至都督十一等勋官，特进至朝散大夫七等散官，以酬文武官有德声者。改门下侍中为纳言。以相国司马高颎为尚书左仆射（左相，隋尚左）兼纳言，元岩为兵部尚书，杨惠为左卫大将军。时颎甚有宠，朝臣莫与为比，上每呼为独孤而不名，晋位渤海郡公（颎渤海人，渤海高氏为南北朝至唐时名门望族）。辛未，以皇弟爽为卫王，皇子杨广（即隋炀帝）为晋王，俊为秦王，秀为蜀王，谅为汉王。

三月戊子，以贺若弼为吴州总管，镇广陵，韩擒虎为庐州总管，镇庐江（合肥）。隋主有并吞江南之志，问将帅于高颎，颎荐之，置于南边，使潜为经略。以苏威为纳言、吏部尚书。颖素重其贤，故荐之。与颖参掌朝政，渐见亲重，帝尝谓朝臣曰："苏威不值我，无以措其言，我不得苏威，何以行其道！杨素才辩无双，至于斟酌古今，助我宣化，非威之匹也。威逢乱世，南山四皓，岂易屈哉！"高颖深避权势，上表逊左仆射位，让于苏威。帝不从。颖、威同心协赞，政刑大小，无不筹之，故革命数年，天下称治。

582年（隋文帝开皇二年）32岁

二月，颖以礼不伐丧，班师。时陈宣帝薨，故还。诏举贤良。三月，初命入宫殿门者通籍（犹今登记在册，以备查阅）。五月，改传国玺曰"受命玺"。制民年六十以上，免课。于翼卒。陈叔宝即位。

隋主以长安城自汉营将八百岁，凋残日久，屡为战场，数经丧乱，水皆咸卤，不甚宜人，又城内宫室规模狭小，内多妖异，而城南龙首山川原秀丽，卉物殷阜，卜居亦吉。诏命高颖为领营新都大监，宇文恺为副监，与将作大匠刘龙、太府少卿高龙叉等创造新都于龙首山。

583年（文帝开皇三年）33岁

八月，诏高颖出宁州道，虞庆则出庆州道，并为行军元帅击突厥。沙钵略、阿波可汗大败遁去。后遂请和亲。

585年（文帝开皇五年） 35岁

正月，礼部尚书牛弘修定《五礼》成，戊辰，诏行新礼。颍由左卫大将军（兼职）升拜为左领军大将军。初，颍北讨胡虏，突厥逃遁，遂留镇遏缘边。至是还，上赐以牛羊千计，马百余匹。

587年（文帝开皇七年） 37岁

高颍母丧，以忧去职。二旬，帝复令其起视事，颍流泪辞让，优诏不许。颍尝坐朝堂北槐树下视事，其树不依行列，甚不整，有司将伐之。上特命勿伐之，以示后人。其见重如此。及萧岩等叛降陈，帝愈忿，谓高颍曰："我为民父母，岂可限一衣带水不拯之乎！"命大造战船。人请密之，帝曰："吾将显行天诛，何密之有！"使人投柿于江，曰："若彼惧而能改，吾复何求！"因问高颍取陈之策，颍曰："量彼收获之际，声言掩袭，彼必屯兵守御，足得废其农时。再三如此，彼以为常，后更集兵，彼必不信，犹豫之顷，我乃济江。又江南舍多茅竹，所有储积皆不窖藏。可密遣人因风纵火，彼复修立，则更烧之。不出数年，自可财力俱尽。"帝用颍策，陈人始困。

588年（文帝开皇八年） 38岁

十月甲子，隋军出师，告于太庙，大举伐陈，晋王广、秦王俊、杨素并为行军元帅，杨素出信州永安，韩擒虎出合肥，贺若弼出广陵，王世积出蕲春，燕荣从海道出东海，合兵五十二万，俱受杨广节度，旌旗舟楫，横亘数千里，以高颎为晋王元帅府长史，三军咨禀，皆取断于颎。王韶为元帅府司马，与颎支度军机，无所凝滞。十一月，帝亲饯征师，陈师誓众。诏购叔宝，有能得者，位上柱国、万户公。

隋军临江，高颎问淮南道行台尚书吏部郎薛道衡曰："今兹之举，江东必可克乎？"道衡前曾使陈，备知陈朝政事，因略陈叔宝荒淫骄侈，唯事诗酒，小人任事，大将放逐，兵少力弱，又郭璞曾言："江东分王三百年，还与中国合。"故必克陈。颎闻之欣然曰："君言成败，事理分明，吾实豁然。本以才学相期，不意筹略乃尔。"

589 年（文帝开皇九年） 39 岁

正月，贺若弼败陈师于蒋山（一名钟山），获其将萧摩诃，韩擒虎乘虚自采石渡江，直取建康，擒陈叔宝、陈国平。高颎先广入建康，颎次子弘德为晋王府记室，广使弘德驰诣颎所，令留叔宝宠姬张丽华（贵妃）。颎曰："昔武王灭殷，太公蒙面斩妲己，今平陈国，不宜留丽华。"乃斩之于青溪。弘德还报，广变色曰："古人云：'无德不报。'我必有以报高公！"由是恨颎。帝亲劳旋师，御广阳门宴将士，班赐布帛凡用三百余万段。敕军人毕生免徭役。加高颎上柱国，晋爵齐国公，赠物九千段，定食千乘县千五百户。

590 年（文帝开皇十年） 40 岁

二月，上幸并州晋阳，留高颎居守。时右卫将军庞晃及将军卢贲等，前后短颎于上，尚书都事姜晔言往岁水旱不调，罪由高颎，楚州行参军李君才言上宠高颎太甚。上怒，以马鞭于殿内亲捶杀君才，余并黜之。因谓颎曰："独孤公（颎父赐姓独孤氏，尝为独孤信僚佐，故上每呼为独孤而不名）犹镜也，每被磨莹，皎然益明。"亲礼愈密。颎屡表让位，上不许，下诏曰："公识鉴通远，器略伏深，自朕受命，常典权衡，竭诚尽力，心迹俱尽。此则天降良辅，翊赞朕躬，幸无词费也。"四月，上自晋阳还京，赏颎留守功，赐缣五千匹，复赐皇帝行宫一所，为颎庄舍。

高颎夫人贺拔氏寝疾，帝命中使顾问，络绎不绝。上亲幸其第，赐钱百万，绢万匹，复赐以千里马，当时宠遇莫与之比。

592 年（文帝开皇十二年） 42 岁

十二月，以内史令杨素为尚书右仆射，与高颎共掌朝政。素有才辩，朝臣之内，颇推高颎，敬牛弘，厚接薛道衡，视苏威及余朝贵蔑如。其才艺风调优于颎，至于推诚体国、处物平当，有宰相识度，不如颎远矣。右领军大将军贺若弼每以宰相自许，甚不平，谓颎、素惟堪啖饭。公卿奏弼怨望，罪当死。上惜其功，特令除名。

598 年（文帝开皇十八年） 48 岁

正月，诏江南诸州，民间有船长三丈以上悉括入官。二月，以汉王谅为行军元帅，高颎为汉王长史，将水陆三十万伐高丽。九月，谅军不利而还。

史万岁坐事将诛，颎固请曰："史万岁雄略过人，每行军用兵，未尝不身先士卒，尤喜抚御，将士乐为致力，虽古名将未能过也。"遂免，除名为民。

伐辽之初，颎固谏。帝不从，遂以颎为谅长史，军事悉委于颎。颎以任寄隆重，每怀至公，无自疑之意，谅所言多不用。及还，谅泣言于后曰："儿幸免高颎所杀。"上闻之，弥不平。

599 年（文帝开皇十九年） 49 岁

二月，诏以汉王谅为元帅，以高颎出朔州道，杨素出灵州道，燕荣出幽州道，共击突厥。高颎率赵仲卿击虏，在族蠡山、乞伏泊大败之，追度白道川，进图入碛，遣使请兵。时有近臣谮言颎欲反，故颎逾秦山七百里而还。杨素亦大破达头，得胜而归。

初，颎妻贺拔氏卒，独孤后言于上曰："高仆射老矣，而丧夫人，陛下何能不为之娶！"帝以告颎，颎曰："臣今已老，退朝唯斋居读佛经而已，纳室非臣所愿。"上乃止。独孤后性妒忌，尉迟迥孙女有美色，迥败没入宫中，上见而悦之，因得幸。后伺上听朝，阴杀之。上由是大怒，单骑从苑中出，入山谷间二十余里，高颎、杨素追及，扣马苦谏。上太息曰："吾贵为天子，而不能自由！"颎曰："陛下奈何以一妇人而轻天下！"上乃还宫。先是后以颎父之家客，甚见亲礼，至是闻颎谓己为一妇人，遂衔之。时太子勇失爱于上，潜有废立之志，因谓颎曰："有神告晋王妃，言王必有天下。若之何？"颎长跪曰："长幼有序，其可废乎！"会上令选东宫卫士以入宿卫，颎奏称："若尽取强者，恐东宫宿卫太劣。"上作色曰："我有时出入，宿卫须得勇毅，太子育德东宫，左右何须壮士！我意于交番日分守东宫，岂非佳事！"帝意以为颎与勇为亲家，故护之。独孤后知颎意不可夺，阴欲去之，会颎爱妾生男，后因谮曰："陛下尚复信高颎乎？始陛下欲为颎娶，颎心存爱妾，面欺陛下。今其诈已现，安得信之！"上由是疏颎。

八月，颎坐免上柱国、左仆射，以齐公就第。贺若弼、宇文弼、柳述、薛胄力争之，不能得。未几，上幸秦王俊第，召颎赴宴，颎悲不自胜。上谓颎曰："朕不负公，公自负也。"因谓侍臣曰："我待高颎胜儿子。然人臣不可以身要君，自云第一也。"不久，颎国令（齐国，颎爵齐公）上颎阴事，言其子表仁谓颎曰："司马懿托疾不朝，遂有天下，公今遇此，焉知非福！"且沙门真觉尝谓颎曰："明年国有大丧。"尼令晖复云："十七、十八年，皇帝有大厄，十九年不可过。"帝闻而大怒，于是除颎为民。颎初为仆射，其母戒之曰："汝富贵已极，但有一斫头耳，尔其慎之！"颎由是常恐祸变。

602年（文帝仁寿二年）52岁

贝州长史裴肃上书为颎讼冤，云高颎以"天挺良才，佐命陛下，但鬼瞰高明，世嫉俊异，遂为人所谮毁，愿陛下录其大功，忘其小过"。书上不答。

606年（隋炀帝大业二年）56岁

十月，诏改修律令。置洛口仓于巩县东南。十二月，置回洛仓于洛阳北。诏："自古以来帝王陵墓，可给随近十户，免其杂役，以供守视。"以启民可汗将入朝，裴蕴奏括天下周齐梁陈乐家子弟皆为乐户，民有善音乐者，皆直太常。置博士弟子，以相传授，于是乐人增至三万余。太常卿高颎（炀帝即位，复起用颎为此职）谏之，帝不听。于是四方散乐（倡优百戏）、杂技淫巧大集于东京。

607年（炀帝大业三年）57岁

四月，颁新律，谓《大业律》，凡十八篇。五月，发河北十余郡丁男凿太行山，达于并州，以通驰道，备己北巡。丁酉，启民可汗朝帝于榆林行宫，于是又自榆林东至于蓟，长三千里，广百步，开为御道。启民请变服，袭冠带，一如华夏，帝不许。赐启民帛二千万段，他称是。宠遇甚隆。又发丁男百余万筑长城，西拒榆林，东至紫河。颎屡谏不听，回谓太府卿何稠曰："帝待启民

恩礼过厚。此虏颇知中国虚实、山川险易，恐为后患。"又谓观王杨雄曰："近

来朝廷殊无纲纪。"有人奏之，帝以为谤讪朝政，诏诛之，诸子徙边。宇文弼、

贺若弼并有谤讪语，一并伏诛，天下惜之。